JEAN-CÔME NOGUÈS

ILLUSTRATIONS DE SERGE CECCARELLI

LE MAMMOUTH ET LA CHÂTAIGNE

ÉDITIONS G.P., PARIS

PRINTED IN FRANCE

I.S.B.N. : 2-261-01926-2

— Moi, papa, ce que je voudrais, c'est des histoires de la préhistoire.

— La préhistoire, quelle histoire !

CHAPITRE PREMIER

PRÉSENTATIONS

Bonjour ! Je m'appelle Petit Cro-Magnon.

Mes parents et moi, nous habitons avec tous les autres membres de la tribu dans cette belle grotte que tu vois et que mon papa a décorée.

Mon papa, je t'en parlerai un peu plus tard.

Ma maman en a assez de la vie communautaire. La vie communautaire, tu connais ? Non ? Eh bien, voilà.

Il faut dire tout de suite que notre existence n'est pas toujours facile. Tu ne peux pas faire trois pas dans la forêt sans te trouver nez à nez avec un ours, avec un loup, quand ce n'est pas avec une bête plus grosse. Et encore, je ne parle pas des aurochs ! Ou des mammouths !

J'aimerais me promener dans la forêt, cueillir des champignons... Ce n'est pas bon, bon, bon, les champignons, mais, quand on a faim, ça cale l'estomac.

La faim, moi, je la connais ! Ah ! là, là ! Tu penses !

Il fait presque toujours froid dans notre pays. Pourtant, il arrive que le soleil passe à travers les branches. C'est joli, la forêt, quand le soleil l'éclaire ! Il y a des ronds sur toutes les feuilles ! Je voudrais aller très loin, très loin. On dit — ce sont les chasseurs qui le disent ; ils sont tellement vantards, les chasseurs, qu'on ne peut guère se fier à eux — on dit qu'il y a des rochers au-dessus d'une rivière grande comme tu ne peux pas l'imaginer.

Je me demande ce qu'il y a encore au bout de la forêt. Est-ce qu'elle ne s'achève jamais, la forêt ? Est-ce qu'en marchant longtemps, longtemps, on n'arrive pas dans une région où il n'y a plus d'arbres, par exemple ? Où il y a..., je ne sais pas, moi, des herbes, peut-être ? Ou de l'eau ? Rien que de l'eau ? Après tout, on peut trouver une rivière si large qu'on n'en voie pas l'autre bord. Ce n'est pas parce que notre pays est couvert d'arbres qu'ailleurs c'est forcément la même chose. Pas vrai ?

Les chasseurs qui ont voulu savoir comment c'était au-delà de la forêt ne sont jamais revenus. Ça n'empêche pas de se poser des questions. Et même...

Quelquefois, je me dis :

« Tu réfléchis trop, Petit Cro-Magnon, tu vas te donner mal à la tête ! »

S'il y avait autre chose que la forêt, hein ! Hou ! que l'envie me démange !

Mais non, je ne suis qu'un Petit Cro-Magnon de rien du tout et je ne dois pas penser à cela.

Un Petit Cro-Magnon de rien du tout, d'accord, mais quand je serai grand...

Juré ! Quand je serai grand, j'irai jusqu'au bout de la forêt... si la forêt a un bout.

Pour le moment, je n'ai pas dépassé le ruisseau. Pas parce que j'ai peur ! Parce que maman ne veut pas.

Remarque, même si maman le voulait, je ne sais pas si j'irais vraiment très loin, car, en plus des loups, des mammouths et des aurochs, dans la forêt, il y a les autres tribus. Tu n'imagines pas combien de fois elles nous cherchent chicane.

— Vous avez creusé un piège sur notre territoire de chasse !

— Vous avez cueilli nos noisettes !

— Notre feu est mort parce que vous avez pris toutes les herbes sèches !

Et comme ça chaque fois qu'on se rencontre. Notre Chef dit qu'ils ont tort, mais, pour lui, le tort est toujours dans le camp adverse. D'ailleurs, très souvent, je l'ai entendu hurler aux hommes des autres tribus, par-delà la grande clairière qui marque la limite de notre territoire :

— Notre feu est mort à cause de vous !

— Vous avez ramassé toutes les châtaignes !

— Vous avez creusé un piège sur le territoire de notre clan !

En général, des deux côtés, on se contente de crier et de montrer le poing. On s'envoie une pierre ou deux, on s'injurie tant qu'on peut. Si tu savais les gros mots qu'on invente de cette façon !...

De temps en temps, en revanche, il y a des empoignades terribles. Sans savoir pourquoi. Il

suffit d'une pierre qui tombe sur un œil, d'un os de cheval qui frôle une oreille, et les deux tribus se jettent dans la bagarre. Les hommes se distribuent des coups de massue, s'ouvrent mutuellement le crâne avec leurs haches de silex, se pourfendent l'un l'autre, ou bien se lancent des quartiers de rocher pendant que les femmes s'insultent en faisant de grands gestes.

Après, tout rentre dans l'ordre. On a oublié pourquoi on s'est battu et il n'y a plus qu'à panser les blessés.

A ce moment-là, on a besoin de nous, les enfants. Il faudrait être partout à la fois. Tu parles d'une vie !

— Petit Cro-Magnon ! Va me chercher des feuilles de saule !

— Petit Cro-Magnon ! Trouve-moi du miel frais. J'ai une bosse énorme !

— Petit Cro-Magnon ! Petit Cro-Magnon !

Je ne chôme pas, je te prie de le croire. Ils ont tous besoin de quelque chose et tous en même temps. Quand ce sont des feuilles de saule qu'ils veulent, passe encore : il suffit d'aller au ruisseau. Mais le miel frais, tu sais bien que c'est plein d'abeilles.

A l'intérieur de la tribu, toujours la bagarre aussi. Nous vivons tous ensemble dans la grotte et tu comprends bien que ce n'est pas sans poser des problèmes. Par exemple, quand les chasseurs reviennent avec un lynx, les femmes veulent toutes la peau de la bête. La caverne est remplie de leurs disputes :

— Tu as eu la dernière !

— Elle était trop petite !

— La mienne a un trou !

Et je te tire les cheveux, et je te pince, et je te lance des cendres, de la terre. Il ne leur viendrait pas à l'idée de recevoir une fourrure chacune à son tour, non. Elles préfèrent se battre, se griffer, se mordre. Quand elles n'arrivent pas à se mettre d'accord, le Chef dit :

— Je me ferai un manteau de cette peau.

Il a autant de manteaux de lynx qu'on peut arracher de plumes à la queue d'un aigle.

Sitôt la nuit tombée, le clan rentre dans la caverne. Elle est effrayante, la nuit, quand elle descend sur la forêt. On dirait un peu ce grand sommeil qui prend les hommes et les bêtes et dont on ne se réveille pas. Il fait froid. Brrr ! qu'il fait froid ! Souvent, le ciel s'écroule sur nous en eau glacée. Les arbres sont pleins de craquements, les bêtes rôdent plus près. Le vent, surtout, me fait peur, le vent très fort qui casse les branches et qui siffle dans les rochers.

Je ne suis pas le seul à avoir peur, tu peux me croire. Aussi, dès que les grosses pierres sont roulées à l'entrée, chacun veut avoir la meilleure place. Pas à côté des infiltrations qui ruissellent. Pas trop loin du feu. Pas trop près non plus, car il faut, dans ce cas, toujours ne dormir qu'à demi pour l'entretenir.

Ce ne sont plus les grandes bagarres mais les grognements. La grogne sourde de la nuit. Au matin, la tribu retrouve son énergie avec le premier rayon de l'aube et tout recommence.

Bref, nous menons une vie passablement agitée.

— De mon temps, ce n'était pas pareil, dit grand-père Cro-Magnon.

Il n'en dit jamais plus, car tout le monde crie en même temps pour le faire taire.

Voilà pourquoi maman en a assez de la vie communautaire. Elle voudrait vivre dans une grotte bien à elle et pas trop éloignée du ruisseau. Elle trouve que ce serait mieux pour nous si nous avions notre chez-nous. C'est une femme aux idées très avancées. Là, je cite papa.

— Nous ne pouvons pas vivre seuls dans une grotte ! répond mon père, qui ne se voit pas en train de se mesurer avec un ours curieux de savoir ce qui cuit sur notre feu ou avec une bande de loups au ventre plat.

— Qui t'a dit que nous vivrions seuls ? réplique maman. Quand je parle d'une grotte, je pense à quelque chose de tout près pour qu'on puisse appeler les voisins à l'aide, s'il le faut.

Là, papa fait semblant de rire et de bien s'amuser :

— Les voisins ! Parlons-en, des voisins ! Ils n'entendront pas ou ils viendront trop tard !

— Mais non !

— Mais si !

— Mais non !

Comme d'habitude, maman a le dernier mot. Quand tu connaîtras mieux papa et maman, cela ne t'étonnera plus.

Moi aussi, j'aimerais avoir une grotte où nous nous réunirions, le soir, en famille. Peut-être que, de cette façon, je me disputerais moins avec Cromagnonnet.

Tu n'as pas entendu parler de Cromagnonnet ? C'est un garçon terriblement vantard. Il dit qu'il n'a pas peur de l'ours géant, ni du mammouth, ni de l'aurochs, que, quand il sera grand, il les tuera tous. Je n'en crois rien et, comme je ne le lui cache pas, nous nous disputons souvent.

Quelles bagarres ! Si tu voyais !

Je voudrais tuer un mammouth rien que pour clouer le bec à Cromagnonnet.

Mais ne tue pas un mammouth qui veut !...

Donc, pour en revenir à ce que je te disais, il faut que je trouve une grotte. Oh ! pas une grande grotte avec double sortie et sable fin ! Nous ne devons pas être aussi exigeants. Une habitation pareille, le Chef la voudrait pour lui. Il a la manie des grottes secondaires : une pour se reposer de la chasse quand, par hasard, il va à la chasse, une autre pour les deux derniers jours de chaque lune, une pour quand il fait froid, une pour quand il fait chaud. Non. Tout simplement une petite grotte avec un rideau de feuillage.

J'aimerais qu'elle ait un rideau de feuillage. C'est joli, le matin, quand le vent d'été passe à travers.

Mais toutes les grottes que je connais sont habitées. Les unes par la tribu, les autres par les ours et les loups. J'espère pourtant trouver un jour le logis que je cherche. Dans cette falaise qui domine le ruisseau, il doit bien y avoir un petit recoin. Ou peut-être derrière les arbres qui s'accrochent aux rochers.

Un petit recoin tapissé de mousse, tout petit, où il ferait bon dormir après avoir roulé une pierre devant l'entrée.

Seulement, papa a raison. Il ne faut pas s'éloigner du clan si on ne veut pas être dévoré par les bêtes ou attaqué par l'ennemi.

Les gens de chez nous sont braillards, insupportables, ils se chamaillent toujours, mais il ne faut pas croire papa. Que l'un de nous soit en danger et tous les autres se portent à son secours. C'est la loi du clan. Un homme et une femme doivent rester dans un groupe s'ils veulent vivre.

Comme dit grand-père Cro-Magnon, la vie est dure. Pourtant, je me demande s'il a raison quand il affirme que, de son temps, c'était mieux.

CHAPITRE II

L'ART DE PAPA

Je t'ai dit l'autre jour que je te parlerais de papa. C'est lui qui bâille au soleil, là-bas, en se grattant la tête. Mauvais signe : ou bien il ne sait pas quoi dessiner, ou bien les chasseurs ne lui ont rien commandé.

Je devrais commencer par le commencement. Voilà. D'habitude, les hommes de la tribu, avant de partir à la chasse, dessinaient sur les parois de la caverne les animaux qu'ils voulaient abattre. Ils les représentaient blessés, ou bien trébuchant, pour mettre de leur côté la bonne fortune des armes, et ainsi ils étaient à peu près sûrs de les atteindre, le moment venu.

A peu près seulement, car, je te le dis, ils n'ont

pas tué un bison chaque fois qu'ils l'ont dessiné. C'est souvent, même, qu'ils ont dessiné un bison et qu'ils sont revenus avec une poignée d'escargots.

Donc, tous les hommes dessinaient et puis, tous, ils partaient à la chasse. Résultat : on voyait sur le plafond de la caverne des élans qui ressemblaient à des canards et papa, à la chasse, confondait la piste du mammouth avec celle du castor.

Car, il faut bien le reconnaître, papa n'a jamais eu beaucoup de goût pour la chasse. Il a l'âme artiste.

D'abord, il a commencé par retoucher une patte par-ci, une oreille par-là.

— Fais-moi une ébauche, lui disait l'un.

— Rien qu'un petit quelque chose, juste pour me donner une idée, demandait un autre.

Tu as remarqué que les dessins sur le roc sont toujours très beaux et très savants. Tu comprends bien que tout le monde ne dessine pas à merveille. Chez nous, il n'y a pas que des artistes, c'est évident.

Mais il y a papa.

Peu à peu, il s'est chargé des dessins et ses compagnons de la poursuite du gibier. Il reste à la caverne, où il passe ses journées à rêver de couleurs, de mélanges de terres, sans dire un mot, sans nous voir. On croirait qu'il ne fait rien, mais, à sa manière, il travaille. D'ailleurs, il ne faut pas le déranger dans ces moments-là. Si j'ai le malheur de lui dire :

— Papa, tu n'as pas vu le sabot d'aurochs que j'avais mis dans...

— Tais-toi ! Laisse-moi réfléchir !

Je ne peux jamais terminer ce que j'ai à lui dire.

Ensuite, c'est pire. Il contemple la paroi de rocher pendant un temps interminable et il commence à dessiner. Alors là, il peut pleuvoir, il peut tonner, une montagne peut cracher du feu, il ne voit rien, il n'entend rien. Il ne mange pas, il ne boit pas, il ne parle pas, il dessine.

Et c'est vrai que ses dessins sont beaux. Je suis content que mon papa soit le meilleur dessinateur du clan. Après tout, faire naître une bête sur un roc n'est pas moins noble que de taper sur cette bête avec une massue, tu ne trouves pas ?

Les chasseurs sont contents, eux aussi, car cela

les embêtait d'avoir toujours à dessiner. Ils rentraient de la chasse éreintés, blessés souvent, ils avaient sommeil, ils avaient faim, et vlan ! il leur fallait se mettre à barbouiller pour le lendemain. Ou bien ils avaient repéré des traces fraîches, ils étaient impatients de jouer du silex et de la pique, et ils devaient, avant de partir, gribouiller un sanglier blessé, un cheval mourant. Pas étonnant que leurs croquis n'aient pas été réussis !

Maintenant, c'est plus commode. Papa dessine tellement bien le gibier percé de coups que c'est comme s'il était déjà du gibier mort. Quand les chasseurs reviennent, ils échangent le dessin contre un morceau de viande.

Voilà comment papa s'est spécialisé.

Tout irait pour le mieux s'il n'était pas un perfectionniste. On s'est mis à faire :

— Waff !

— Aoh !

Ce qui, d'après le ton et les gestes qui accompagnaient ces mots, voulait dire :

— Tu dessines bien !

— Tes rennes semblent vivants.

— Il y a du souffle, de la vie, du moelleux dans les couleurs, de la force dans le trait.

Enfin, bref, ce qu'on dit d'habitude devant les peintures, surtout quand le peintre demande :

— Qu'en pensez-vous ?

Papa s'est pris au jeu. Au début, chacun dessinait n'importe où, n'importe comment. Un petit dessin dans un coin, un grand dessin avec un morceau de charbon retiré du feu. A la première pluie, les infiltrations y ajoutaient des taches sombres qui, peu à peu, mangeaient l'animal représenté.

Papa a voulu faire du durable. Il a choisi ses surfaces, il a mélangé des terres brunes à des terres rouges, il a joué avec les volumes, avec le relief de la paroi. Le résultat est magnifique.

Seulement voilà :

Comme ses dessins ne disparaissent pas à la pluie suivante, les chasseurs estiment qu'ils peuvent servir une deuxième, une troisième fois, et même plus encore. Ils se contentent d'un regard au vieux bison de papa avant de partir à la chasse.

Papa n'a plus de commandes. Pas de commandes, pas de viande. Il pourrait dessiner avec des pierres blanches et tendres qui laissent une trace facile à enlever en la frottant avec les doigts. Il pourrait choisir les parois poreuses. Il ne veut pas. Il veut suivre son inspiration. Il dit... Je ne suis pas sûr de retrouver exactement ce qu'il dit... Un mot qu'il a inventé, que personne n'avait prononcé avant lui parce que c'est un mot dont personne, avant lui, n'avait eu besoin... Voyons... Il dit qu'il ne veut pas faire de... concessions. Voilà, des concessions !

J'avoue que je ne sais pas ce que c'est.

En revanche, je sais ce que c'est qu'avoir faim. Je crois que je te l'ai déjà dit, d'ailleurs. Que veux-tu, la faim, c'est important. Je me débrouille comme je peux. Je connais tous les arbres qui portent des fruits bons à manger, tous les buissons où il y a quelque chose à croquer. Mais il faut faire vite. On ne peut pas laisser à une petite boule le temps de devenir rouge sur une branche, car, si un homme ne la mange pas, c'est un ours qui la gobe, ou un oiseau.

Tu as remarqué que les fruits sont meilleurs quand ils sont rouges ou jaunes ? Eh bien, il faut se dépêcher de les manger verts, ou alors on ne les mange pas du tout.

Sûrement qu'on pourrait changer ça. Comment ? Je ne sais pas.

Le marais, heureusement, nous tire d'affaire. C'est une grande étendue de terre et d'eau mélangées où poussent des roseaux et de hautes herbes. Il y a aussi des racines douces ; je suis le seul à savoir où on les trouve.

Chut !

Elles nous sont tellement utiles quand les chasseurs disent à papa qu'ils ont regardé son vieux bison encore une fois et qu'il leur a encore porté chance !

Depuis quelques jours, nous mangeons beaucoup de racines.

Ce matin, je suis donc allé là-bas. J'avais mis une peau de renard, car il ne faisait pas chaud. Toute la nuit il est tombé des trombes d'eau. Jamais je n'avais vu pleuvoir ainsi. L'air était tellement mouillé qu'à lui seul il éteignait le feu. Tu penses que j'exagère ? Si tu avais vu la fumée qu'il y avait dans la caverne ! J'en ai les yeux qui piquent encore.

Au marais, je suis chez moi. Je le connais par cœur, mon marais. Je sais les passages des bêtes et les territoires qu'il ne faut pas disputer. J'ai repéré les arbres qui me serviront de refuge en cas d'alerte, les rochers où je peux m'abriter. Bref, j'y suis à mon aise.

Eh bien, ce matin, je ne reconnaissais pas mon marais ! De l'eau partout. Là où, d'habitude, je marche sur des mottes solides, je faisais « plof ! plof ! » à chaque pas. En beaucoup d'endroits, les roseaux ne sortaient plus que leurs têtes brunes. La pluie de la nuit avait tout recouvert d'une grande eau jaunâtre qui n'annonçait rien de bon. Comment, dans ces conditions, arriver au recoin où poussent les racines ? J'enfonçais jusqu'aux genoux dans la boue. C'était froid, gluant. Beuh !

Je me suis dit :

« Courage, Petit Cro-Magnon, il te faut une salade pour ce soir. Et dépêche-toi avant qu'il ne pleuve de nouveau ! »

Le ciel était drôlement noir, en effet, du côté d'où venait le vent. De gros nuages approchaient ; on sentait que la pluie ne tarderait pas. Fichtrement impressionnantes, ces montagnes de nuages dans le ciel ! Et le bruit qu'elles font ! J'ai beau me boucher les oreilles, je n'aime pas ça. Un de ces jours, il va nous tomber quelque chose sur la tête à tant remuer là-haut. Forcément. Sans parler des longs rais de lumière qui traversent le ciel.

Donc, il fallait que je me dépêche. J'ai enlevé mon paletot pour ne pas l'abîmer et j'ai fait un pas...

Me voici dans la vase jusqu'au ventre.

J'ai eu l'impression que la terre s'ouvrait sous mes pieds. Affolant. C'était tout à fait affolant.

Je me suis débattu pour essayer de me tirer de là. J'ai tenté de soulever une jambe, de m'appuyer à la surface du marais. J'en avais déjà jusqu'à la taille.

Pas possible ! Ce n'était pas possible ! Oh ! non...

Plus je me débattais, plus je m'enlisais. Tu penses comme j'avais peur ! J'allais mourir, là, tout seul. Disparaître. Je me suis mis à crier et je crois que même le mouvement d'ouvrir la bouche me faisait enfoncer encore.

J'avais de la boue jusqu'aux épaules. Je n'exa-

gère pas, tu sais, je ne raconte pas cela pour faire l'intéressant. Je vais te dire un secret. Jure-moi que tu ne le répéteras à personne, et surtout pas à Cromagnonnet : je me suis mis à pleurer. Tu avoueras que, pour un futur tueur de mammouths, il y avait autre chose à faire !

Je n'osais plus bouger. La vase s'était refermée sur mes épaules, j'en avais jusqu'au cou..., jusqu'au menton. Il ne restait que ma tête au-dessus du marais et, au-dessus de ma tête, les montagnes de nuages qui s'entrechoquaient avec un bruit terrible. Peu m'importait le bruit des montagnes, je n'en avais plus peur à présent. A quoi bon, pas vrai !

La boue arrivait à mes lèvres. Je les tenais serrées. Je me disais encore :

« Quelqu'un viendra. On te sauvera... N'importe qui, même ceux de la tribu de l'autre côté de la clairière. Ce n'est pas possible que tu disparaisses ainsi... »

J'avais de la boue jusqu'au nez. Tout allait être fini quand il m'a semblé que mes orteils rencontraient quelque chose de dur.

Pas bête, Petit Cro-Magnon ! J'ai vite compris !

Je venais d'atteindre un tronc enseveli, un pauvre malheureux tronc d'arbre que le marais avait avalé comme il voulait m'avaler aussi, et qui allait m'être bien utile. Sûrement. L'espoir retrouvé m'aurait fait chanter de joie, mais va donc chanter quand tu as de la vase dans le nez !

D'abord, il me fallait respirer.

Si je ne perdais pas la tête — c'était d'ailleurs tout ce qui me restait, la tête — je pouvais m'en sortir avec un peu de chance et une branche pour m'accrocher.

Lentement, j'ai remué un orteil, ce qui m'a fait enfoncer encore, mais ce n'était plus peut-être qu'une impression. Puis tous les orteils de mon pied, pour essayer de me rapprocher de la berge et des lianes que je n'avais pas quittées des yeux depuis le début de mes malheurs. Tous les orteils de l'autre pied enfin, pour rejoindre ceux du premier...

Un mouvement un peu trop brusque, et il ne serait resté de moi qu'une touffe de cheveux !... Une petite herbe brune posée sur le marais. Eh là ! Eh là ! Brrr !...

Ce n'est pas difficile de courir sur le tronc

abattu d'un arbre, de traverser un ruisseau de cette façon. Un jeu. Je suis sûr que tu l'as fait souvent avec seulement la frousse de tomber à l'eau.

Parcourir un arbre quand tu as de la vase jusque sous le nez est une autre histoire, je te l'assure. Cela a duré un temps fou.

Un moment, j'ai cru que j'étais sauvé. Je ne sais pas sur quoi j'avais posé le pied, mais, soudain, j'ai pu sortir le menton. Quel bonheur de respirer ! Je respirais à pleine bouche. J'avalais l'air sans prendre le temps de le goûter, crois-moi, et vite je le rejetais pour en avaler encore. Que c'était bon ! Que c'était bon ! Je le dévorais comme si, de nouveau, il allait me manquer.

J'ai bien fait, car, un pas de plus, et je retombai dans la vase jusqu'aux yeux. Mon pied avait glissé sur l'écorce, mon autre pied m'a sauvé. Sous moi, l'arbre était solide. Il n'avait pas bougé, j'en étais sûr. Avait-il touché le fond du marais ou bien mon corps est-il si léger qu'un arbre mort n'en subit aucun poids ?

Les lianes qui pendaient sur la rive étaient maintenant à portée de ma main à condition d'extraire cette main de la boue qui la retenait. Arracher un bras a pris du temps. Quand j'ai tenu les lianes dans mes doigts glacés, j'ai eu comme une faiblesse. Le marais s'est mis à tourner vite, vite, de plus en plus vite... Mais je serrais si fort les lianes que rien n'aurait pu me les faire lâcher.

Bref, je m'en suis tiré. Petit bout par petit bout, j'ai sorti tout mon corps. A peine sur la berge, j'ai saisi mon paletot et je me suis mis à courir, à courir tant que j'ai eu du souffle. Jamais je n'ai remonté si vite le sentier qui mène à notre grotte. La peur me faisait claquer des dents, le froid aussi. J'avais envie de faire tomber les écailles de boue qui commençaient à sécher, de me blottir devant un grand feu. Je voulais retrouver mes parents, leur dire...

Papa, assis à l'entrée de la caverne, se grattait la tête, à la recherche de son inspiration.

— Papa ! Papa ! Je...

Il m'a regardé avec des yeux effarés, puis il s'est précipité sur moi sans même m'écouter. Avec les ongles, il a raclé ma poitrine, mon dos, mes jambes.

— Papa, j'ai failli...

— Voilà l'ocre qu'il me faut ! La couleur exacte ! Celle que je cherche depuis si longtemps ! Je savais bien qu'elle existait quelque part, je ne me trompais pas !

Il n'arrêtait pas de parler en m'épluchant, et moi je tournais entre ses mains, complètement hébété, sans pouvoir placer un mot.

— Mon instinct ne me trompait pas !

Son instinct, parlons-en !

— Wahaah !!!

Il a poussé un rugissement énorme. Il a lancé les bras au ciel. Il a sauté aussi haut qu'il a pu. Tout ça en même temps. Après quoi il m'a dit :

— Va m'en chercher encore !

C'est cela, avoir un papa artiste...

CHAPITRE III

CROMAGNONNET

Il y a longtemps que je te parle de Cromagnonnet et je ne t'ai pas encore dit ce qui m'est arrivé hier. Oui, tu as déjà compris rien qu'en regardant mon œil. Si tu voyais le sien !

Cromagnonnet, il m'énerve. Il est toujours à dire qu'il est le plus fort, qu'il n'a peur de rien, qu'il tuera des mammouths tant qu'il voudra quand il sera grand.

Facile à dire !

Comme papa, après la découverte de la fameuse boue, fait des recherches de couleurs et, pendant ce temps, ne dessine pas, nous n'avons plus mangé de viande depuis des jours. Maman affirme que ce n'est pas bon pour la santé. Moi, c'est bien simple, à force de mâcher des racines et des cœurs de roseau, j'ai mon cœur à moi qui chavire et toujours une arrière-petite faim au creux de l'estomac.

Aussi, avant-hier, j'ai pensé :

« Petit Cro-Magnon, assez de salade ! Tu dois trouver un rôti. »

Je suis descendu au marais, que je connais dans tous ses recoins, je te l'ai déjà dit. En ce moment, les poules d'eau pondent. En faisant très doucement, très, très doucement, en se glissant dans les herbes, on peut les surprendre sur leur nid. Il faut être adroit, je te l'accorde, mais, sans vouloir me vanter comme le fait Cromagnonnet, je ne suis pas manchot.

Tu souris. Tu penses que j'exagère. Je n'ai pas encore tué de mammouths et je ne sais pas si j'en tuerai beaucoup quand je serai grand, pourtant, foi de Petit Cro-Magnon, je t'assure que j'ai déjà attrapé une poule d'eau de cette façon.

Il est vrai que je n'ai réussi qu'une fois. Tiens, pour te prouver que je ne suis pas un vantard, je vais te raconter une de mes mésaventures.

A la dernière lune, je me suis approché d'une

poule d'eau posée sur son nid. Elle ne voyait rien, elle n'entendait rien, elle pondait. J'ai rampé, je me suis faufilé dans les roseaux. Sans bruit. J'étais si près qu'en étendant le bras je pouvais presque la saisir. Bêtement, j'ai voulu précipiter les choses. J'ai plongé sur elle comme font les renards sur les lapins dans la forêt. Elle s'est envolée et, moi, je me suis étalé à plat ventre sur le nid où il y avait autant d'œufs que l'on a de doigts à la main.

Inutile de te décrire le résultat.

Depuis, je ne plonge plus sur les poules d'eau. Évidemment, je ne les attrape pas non plus, mais, au moins, leurs œufs ne sont pas cassés.

Tu as déjà mangé des œufs de poule d'eau cuits sous la cendre ? Un dé-li-ce ! Mais revenons à notre histoire d'hier.

J'avais trouvé un nid, puis un autre, avec, dans chacun, autant d'œufs qu'un aurochs a de pattes. Brillants, mouchetés. On en aurait presque sucé la coquille tellement ils étaient jolis !

J'avais enlevé mon paletot de renard pour ne pas le salir et pour ne pas me faire gronder par ma mère qui veut que mes vêtements soient toujours propres. Moi, j'aime bien les vêtements, mais je trouve agréable aussi d'aller tout nu quand il ne fait pas trop froid. Surtout dans le marais, où je me baigne souvent.

Il paraît que, lorsqu'on est grand, il ne faut plus aller tout nu. Tu sais pourquoi, toi ?

Bon, peu importe ! J'avais donc mis les œufs dans mon paletot, au pied d'un arbre, et je cherchais d'autres nids. Je suis resté longtemps dans les roseaux, à fouiller d'un côté, à farfouiller de l'autre. Rien. Rien de rien ! A croire que toutes les poules d'eau du marais étaient parties en voyage. Ne ris pas ! Il y a des oiseaux qui partent en voyage, j'en ai vu ! Quelquefois, le ciel en est rempli.

J'étais déçu. Il allait falloir se contenter des œufs que j'avais trouvés. Le soleil se couchait ; il commençait à faire frisquet. Je suis retourné à l'endroit où j'avais laissé mon dîner...

Plus d'œufs !

Plus de paletot !

Tout de suite, j'ai écarté l'idée qu'un ours ou un loup avait mangé les œufs. Les œufs, d'accord, mais pas le paletot ! Ce ne pouvait être qu'un homme et un homme de la tribu, car les autres ne se risquent pas souvent sur notre territoire.

Retourner à la caverne vêtu seulement des rayons du soleil couchant allait faire des tas d'histoires. J'ai donc attendu la tombée de la nuit.

Quelle correction j'ai reçue ! Maman m'a donné tant de claques que j'en ai eu longtemps les joues et les fesses en feu. Surtout les fesses. Puis elle m'a tendu ma vieille peau de sanglier mangée par les vers en me disant :

— Habille-toi et tâche de retrouver ton paletot !

Une peau de sanglier, c'est rugueux, désagréable et pas du tout à la mode.

Retrouver le paletot ! Elle en avait de bonnes !... Où le chercher, hein ? Je te le demande.

Le clan avait allumé de grandes flambées. Des monceaux de branches et de feuilles sèches. Partout de belles flammes, mais rien devant, ou presque rien. La chasse n'avait pas été bonne ; à part un lièvre et un rat de rivière, il n'y avait pas grand-chose en train de cuire. Le soir était à la grogne, comme beaucoup de soirs, finalement.

En tout cas, ce n'était pas un soir à poser des questions.

Dans un coin, à l'abri des regards, la mère de Cromagnonnet était occupée à préparer son feu. Avec un bâton, elle écartait les braises trop rouges et creusait un nid de cendres chaudes. J'allais m'éloigner sans lui prêter plus d'attention quand je l'ai vue déposer au milieu de ce nid des œufs de poule d'eau. Il y en avait autant qu'un aurochs a de pattes.

Je me suis dit :

« Si elle continue, cela deviendra intéressant. »

Elle a continué. Il y en avait autant qu'un couple d'aurochs a de pattes. J'ai eu tout de suite la puce à l'oreille et je suis revenu sur mes pas.

— B'jour, Cro-Magnonne. Tu prépares ton dîner ?

— Oui. C'est mon garçon qui l'a trouvé.

— Tu as beaucoup de garçons, Cro-Magnonne.

— Je parle de Cromagnonnet. Il est dégourdi, mon Cromagnonnet. Il a fureté dans tout le marais, qu'il m'a dit, pour trouver ces œufs.

— Je te crois, Cro-Magnonne ! Cromagnonnet est drôlement dégourdi !

Je n'ai pas dit un mot de plus, je me suis mis à la recherche du terrible tueur de mammouths. S'il avait pris les œufs, qui veux-tu qui ait pris le paletot ? Il fallait que je récupère mon bien. Absolument.

J'avais un peu envie de me venger aussi. Un tout petit peu. Surtout, je voulais ne plus porter cette peau de sanglier qui me donnait des démangeaisons.

Oh ! que j'étais furieux ! Plus je cherchais Cromagnonnet, plus j'étais furieux. Je l'ai cherché dans la caverne, je l'ai cherché dans toutes les grottes où l'on peut entrer. Au risque de me faire tirer les oreilles, car le Grand Chef ne veut pas qu'on pénètre dans ses grottes secondaires. Il les fait surveiller.

Pas de Cromagnonnet.

Entre-temps, la nuit était devenue complètement noire. Le clan avait couvert les feux pour qu'ils ne meurent pas pendant notre sommeil. Cromagnonnet a profité sans doute du moment où l'on roulait les grosses pierres à l'entrée pour se glisser dans l'obscurité. Je n'avais plus qu'à chercher à m'endormir dans mon coin en remâchant ma colère.

Je n'ai pas passé une nuit blanche mais presque. Disons une nuit... grise.

Au matin, j'ai eu envie de me baigner pour calmer le grattouillis que me faisait la peau de sanglier. Je suis allé au ruisseau.

A l'endroit où il forme comme une mare avec plein de lianes au-dessus et de branches, qu'est-ce que je vois ?

Sur un rocher au milieu de l'eau, content de lui dans mon paletot de renard, le Cromagnonnet en train d'admirer son biceps. Il pliait le bras, puis il l'allongeait, et, de l'autre main, il se tâtait le muscle. Il avait l'air tellement satisfait qu'il en paraissait idiot.

« Attends, mon gars, tu vas connaître mon biceps à moi et tu pourras comparer ! »

Je me suis planté sur un rocher. Le Cromagnonnet me tournant le dos, il ne me voyait pas.

— Salut ! que je lui ai dit.

De surprise, il a glissé sur la pierre mouillée. Ses bras ont fait comme les ailes du corbeau et c'est

tout juste s'il n'a pas dégringolé dans le ruisseau.

— Salut, qu'il m'a dit pour dire quelque chose.

— Tu cherches des œufs de poule d'eau ? que je lui ai dit.

— Les œufs, j'aime pas ça, qu'il m'a dit. Les œufs, ça me fait le blanc de l'œil tout jaune.

— Et la peau de renard, que je lui ai dit, ça te gratte peut-être aussi le dos !

— Je l'ai trouvée.

— Menteur !

Moi, pas bête, pendant que je parlais, j'étudiais le terrain. J'avais remarqué qu'une liane descendait juste au-dessus de l'eau. Elle paraissait solide parce que d'autres tiges poussaient autour d'elle. En sautant et surtout en visant bien, je pouvais réussir ce que j'avais envie de faire. Sûr, il y avait un risque. Le risque de rater mon saut et d'aller m'aplatir aux pieds de cet idiot de Cromagnonnet qui aurait bien ri. Mais, enfin, qui ne risque rien n'a rien, pas vrai ?

Pour qu'il ne se doute pas de ce que je lui préparais, je lui ai crié :

— Espèce de limace poilue ! Sale rat puant !

Il allait me répondre, je ne lui en ai pas laissé le temps. D'un bond je m'élance, j'attrape la liane au vol et j'arrive, les pieds en avant, sur l'estomac de Cromagnonnet.

Il a fait un plongeon magnifique.

Moi aussi, parce que la liane a cassé.

L'eau, heureusement, n'était pas profonde. Si

tu avais vu la bagarre ! On s'est drôlement battus. On s'est roulés dans le ruisseau. Dès que l'un voyait un peu clair, il bourrait l'autre de coups de poing, de coups de pied. Et baf, et toc ! et bing ! Pour une belle bataille, c'était une belle bataille !

Tu ne peux pas savoir la quantité d'eau qu'on a avalée. J'ai reçu le poing de Cromagnonnet dans l'œil et j'ai vu des étoiles partout. Cela m'a mis dans une colère !... J'ai attrapé mon idiot par un pied pour le déséquilibrer. Après, je l'ai tiré sur le bord et nous avons continué.

Un moment, j'ai cru qu'il allait m'échapper. M'échapper en emportant mon paletot de renard ? Ça, jamais !

Il essayait de gagner une étendue de fougères qu'il y a près de la forêt. Va donc retrouver un Cromagnonnet dans ces feuilles plus hautes qu'un homme ! Même le Chef, qui dit pourtant qu'il est le plus grand, n'arrive pas à les dépasser de la tête quand il est au milieu.

Eh bien, j'ai rattrapé Cromagnonnet ! Il s'est débattu, mais il pouvait toujours se débattre ! Je le tenais par mon paletot, pour rien au monde je ne l'aurais lâché.

Ce qui a lâché, en revanche, c'est mon paletot. Comme nous tirions chacun de notre côté, il s'est déchiré en deux morceaux. Je crois qu'il commençait à être un peu vieux. Les vers devaient avoir mangé passablement la peau, même si, avec les poils, ça ne se voyait pas.

Après, ce qui s'est passé, j'en frémis encore. Cromagnonnet est tombé dans les fougères et moi avec lui.

Sous les fougères, bien cachée, il y avait une fourmilière. Des fourmis géantes, noires avec une tête rouge. Des pattes terminées par des crochets, et des espèces de mâchoires qui pincent partout à la fois et qui grignotent que c'en est affreux. En un rien de temps, ces fourmis vous entament un cheval et ne lui laissent que les os. Alors, tu penses, deux petits garçons...

A peine relevés, nous avions déjà le corps tout noir de ces sales bestioles. Elles nous piquaient tant qu'elles pouvaient. Ma peau de sanglier en était envahie. Je l'ai arrachée et je me suis gratté, je me suis donné des claques... J'ai cru que j'allais devenir fou.

Cromagnonnet en faisait autant de son côté. Elle était bien oubliée, notre dispute ! Nous ne pensions qu'à faire tomber les fourmis qui nous dévoraient. Sur les bras, sur les jambes, sur le ventre, partout. Et ça mordait ! Ça piquait !

Nous avons eu tous les deux la même idée : courir au ruisseau, se plonger dans le courant et se rouler, se frotter de sable.

Une fois de plus nous étions dans l'eau, mais, cette fois, nous nous tapions dans le dos en frères.

Et nous sommes retournés à la caverne, nus comme des vers.

Rouges que c'en était affreux.

CHAPITRE IV

PAS CELLE-LA

Chaque fois que nous nous rencontrons, toi et moi, j'ai un œil poché, les joues qui me cuisent ou le dos égratigné. Je ne sais pas ce qui m'arrive, je vais toujours au-devant des catastrophes. Aujourd'hui encore...

Je veux bien te parler de mes malheurs d'aujourd'hui, mais ne restons pas ici. Quelqu'un que je n'ai aucune envie de rencontrer en ce moment risque de sortir de la caverne. Je connais un endroit où nous serons tranquilles et il...

Qui c'est ? Tu me demandes qui je ne veux pas rencontrer ? Eh bien... C'est... C'est quelqu'un qui allait faire un bon dîner et qui, à cause de moi, ne l'a pas fait.

Voilà. Je te raconterai mon histoire en détail

puisque je te raconte tout, mais, avant, je voudrais que nous allions là-bas, derrière l'arbre. On ne nous y verra pas. Je préfère.

Tu souris. Tu as compris. Tant mieux.

Je n'ai pas oublié, tu t'en doutes bien, que je dois trouver une grotte pour mes parents. Je ne resterai pas tranquille tant que je n'y serai pas parvenu. On a sa fierté, que veux-tu.

Celle que j'ai découverte, il vaut mieux l'oublier tout de suite, je te l'assure !

Je parle, je parle et, sûrement, je t'embrouille. Hier matin, donc, j'étrennais mon nouveau costume. Pas un paletot de renard, hélas ! Quelque chose de plus simple et de moins couvrant. Une peau de lapin par-devant, une peau de lièvre par-derrière. Maman dit que c'est bien suffisant puisqu'on va vers le beau temps. Le beau temps à Cro-Magnon, parlons-en !

Elle a raclé les peaux avec un silex ; elle les a piétinées, tapées, attachées l'une à l'autre en faisant des trous avec un poinçon. C'est sans doute parce qu'elle les a mises au soleil, sans les frotter d'herbes comme elle fait d'habitude, qu'elle a déclaré pour finir :

— Vu la rapidité avec laquelle tu uses tes vêtements, pas la peine de chercher la petite bête.

Je trouve, moi, que c'est la peine, au contraire, car rien n'use les vêtements comme les petites bêtes quand elles s'y mettent. Passons ! Inutile de continuer sur ce sujet, les parents ne sont pas toujours logiques.

Revenons plutôt à ma mésaventure d'hier. Je te l'ai dit, je crois: je suis persuadé que dans la falaise, il y a des grottes inhabitées. Hier, donc, je me promenais assez loin du campement, le nez en l'air pour essayer de distinguer un indice dans le feuillage, le nez au sol au cas où je remarquerais une trace.

J'ai remarqué une trace. Un passage sous les branches, des brindilles cassées, des herbes écrasées. J'aurais dû me méfier. Eh bien, non, j'ai suivi ce chemin. Il contournait la falaise à la recherche d'une pente moins escarpée, il faisait une large courbe pour mieux grimper. Je suivais !

Parfois, il devenait difficile à cause des rochers éboulés. On aurait dit que ces rochers avaient dégringolé de la falaise sous le poids d'un corps énorme.Les rameaux des buissons étaient cassés à une bonne hauteur aussi, ce qui voulait dire à peu près la même chose.

Un autre jour, j'aurais pensé :

« Petit Cro-Magnon, tu dois faire attention ! »

Mais il y a des jours où l'on n'est pas en forme et où l'on ne voit rien de ce qui crève les yeux. Il faut croire que j'étais dans un de ces jours-là. J'ai suivi !

J'ai escaladé les rocs, je suis arrivé au sommet. Le chemin continuait. Il redescendait pour finir sur une étroite plate-forme qu'on n'aperçoit pas quand on est en bas.

Devine ce qu'il y avait au coin de la plate-forme !... Une grotte avec le soleil tout doux qui passait à travers les feuilles, de la mousse sur les rochers, des pervenches dans les broussailles, une entrée couverte de menu gravier. Vraiment, la grotte de nos rêves.

Une certaine odeur aussi, qui flottait dans l'air et dont je n'ai pas assez tenu compte.

De la plate-forme, on apercevait la vallée, le marécage, le ruisseau, les montagnes au fond. On en voyait des choses ! Les arbres de la falaise n'étant pas très hauts, nous aurions une vue imprenable pour longtemps. Un chêne, ça ne pousse pas en deux lunes, pas vrai ?

L'intérieur était vaste mais pas trop. Déjà j'imaginais l'installation. Maman allait être drôlement contente !

« Là, nous mettrons les peaux de bêtes. Ici sera le feu, les jours où il pleuvra. Les pierres et les bâtons à feu bien alignés. Une petite réserve de bois sec, toujours en prévision de la pluie... Un tronc d'arbre pour s'asseoir, un tas de feuilles sèches pour dormir. Faudra se les procurer. Papa, à coup sûr, ne s'intéressera qu'à la surface de rocher... Dans ce recoin, je garderai les jolies choses que je trouve, les cailloux ronds, les glands, les écorces... »

Ah ! j'allais vite en besogne ! L'installation était déjà presque terminée. En regardant de plus près, je venais de découvrir que le recoin était en fait un tunnel, une sorte de conduit qui s'enfonçait dans la paroi.

Jusqu'où allait-il ? Intéressant de le savoir. Pas très large, juste de quoi se glisser, et encore, à condition d'être un enfant. Qu'à cela ne tienne, un jour j'irais voir où il menait.

J'en étais là de mes réflexions quand j'ai entendu dans mon dos un grognement. Il a fait sombre tout à coup, comme si la grotte avait été plongée dans la nuit. Je me suis retourné et qu'est-ce que j'ai vu ?...

Un ours si gros qu'il bouchait l'entrée.

J'étais dans la caverne d'un ours géant.

Si je te raconte chaque détail, tu vas avoir l'impression que ce qui a suivi a duré un long moment, mais c'est faux. J'ai vu tout à la fois, j'ai entendu tout tellement plus vite que le temps qu'il me faudra pour le dire.

J'ai vu ses dents longues comme..., comme les couteaux de silex des chasseurs. Ses griffes qu'il jetait en avant... Oh ! là, là ! Des griffes !... Et puis du poil partout, un gros tas de poils noirs qui fermait la grotte et qui faisait la nuit.

J'ai entendu remonter du fond de ce tas de poils des grondements de colère, une sorte de râle.

Alors, je n'ai plus rien vu, je n'ai plus rien entendu. Tu t'en rends compte, rien que de te l'expliquer, j'ai l'impression de te faire croire que je suis resté là à le regarder. Je ne suis pas resté à le regarder, je me suis jeté dans le tunnel. C'était ma seule chance, puisque le maître des lieux me tenait prisonnier.

Le passage était trop étroit, jamais il ne pourrait venir m'y chercher. A moins qu'avec sa patte...

« Pourvu que le trou soit assez profond ! » que je me disais en jouant des coudes.

J'ai senti le museau du fauve sur la plante de mes pieds. Il soufflait dans le conduit, si fort que j'avais l'impression d'être dans un vent chaud. J'avançais à plat ventre, avec l'espoir d'arriver à l'air libre d'un autre côté. Il faisait noir, totalement noir.

« Si ce passage ne mène nulle part, j'attendrai que l'ours soit parti. Mais je risque d'attendre longtemps. »

Je me disais cela pour me rassurer un brin. Attendre, oui, mais comment ? Je n'arrivais plus à respirer. J'avalais un tout petit peu d'air que je gardais en moi et que je rejetais lentement, lentement, pour ne pas le gaspiller. La fois d'après, je faisais entrer l'air toujours très lentement, jusqu'à ce que je ne puisse plus en faire entrer, je le gardais dans ma poitrine et je le relâchais en gagnant le

plus de temps possible. J'avais beau faire, je suffoquais.

La peur me tenait. J'allais peut-être mourir étouffé et je suais à grosses gouttes sans oser bouger pour économiser ce diable d'air. J'étais si à l'étroit que je ne pouvais même pas me retourner.

D'ailleurs, me retourner pour aller où ? Me faire manger par l'ours ? Jamais de la vie, je préférais mourir étouffé !

« Tu verras, Petit Cro-Magnon, peu à peu tu vas t'endormir et, dans des lunes et des lunes, on retrouvera ton corps et on se demandera ce que tu faisais là-dedans. »

Des sortes de gros insectes bourdonnaient dans mes oreilles, et pourtant il n'y avait pas d'insectes. Des coups tapaient dans mes tempes, et pourtant j'étais seul. Ah ! pour ça oui, j'étais seul !

Au moment le plus difficile, quand je me sentais près d'abandonner, une force me poussait de nouveau en avant. Je ne sais pas combien de temps j'ai rampé, mais là-bas, à l'autre bout, l'ours devait s'être calmé ou bien il se demandait où j'avais pu passer : je ne l'entendais plus.

Le boyau montait, descendait. Quelquefois, il se resserrait tellement que ma tête avait du mal à franchir le goulet. Heureusement que papa est artiste et que je ne mange pas tous les jours à ma faim, car si j'avais été plus gros...

Et puis mes doigts ont touché une plaque humide. De l'eau ! J'étais sûrement près d'une source ! Dans l'incroyable silence du centre de la terre, un bruit de source, j'aurais dû l'entendre. Je n'entendais rien. A tâtons, j'ai essayé de trouver une eau dormante au creux d'une roche, de quoi boire jusqu'à plus soif. En fait de source, il n'y avait que des infiltrations qui suintaient.

J'ai collé mes lèvres à la terre mouillée. J'ai sucé un caillou, à peine si j'en ai senti la fraîcheur. Les gouttes tombaient une à une sur ma nuque. C'était à la fois agréable et douloureux. Et tellement énervant ! J'étais sûr que, si je ne buvais pas un peu, j'allais mourir là, tout de suite.

Il aurait mieux valu mourir tout de suite, sans doute, mais je ne pouvais pas m'y décider. Alors j'ai entrepris de me mettre sur le dos pour recevoir les gouttes dans ma bouche. Elles sont d'abord tombées dans mon œil, puis sur mon nez avant que je ne trouve la bonne place. Va donc te désaltérer, goutte après goutte ! Je n'avais qu'une brûlure au fond du gosier à chaque petit choc.

Mais je me suis reposé.

Avant de repartir !

Et puis, soudain, la catastrophe, ce que je redoutais depuis le début et qui ne pouvait pas ne pas arriver : l'éboulement. Le tunnel s'arrêtait, fermé par des cailloux et de la terre.

Que faire ? J'aurais pu pleurer tant et plus, Cromagnonnet ne serait pas venu se moquer de moi à l'endroit où je me trouvais. Eh bien, je n'ai pas pleuré.

Pas un bout de larme.

« Petit Cro-Magnon, que je me suis dit, tu n'as pas fait tout ce chemin pour t'arrêter ici. Il doit bien mener quelque part, ce chemin, même s'il est bouché. »

En réalité, la terre était friable. Patiemment, avec mes ongles, avec mes doigts, j'ai creusé, j'ai agrandi le trou, j'ai repoussé les cailloux derrière moi. Pas facile, il y avait si peu d'espace. Impossible de te dire le temps que j'ai mis à faire ce travail.

Ma main, enfin, a de nouveau rencontré le vide. Sauvé ! Sauvé ! Tu te rends compte ?... Tout au moins de ce passage difficile.

Courage, Petit Cro-Magnon !

Et le souterrain continuait ! Plus large même ! Joie !

Joie ?

Stupeur !

Le sol s'est ouvert sous moi. Comme ça, d'un coup. Le grand trou. Tout qui se mélange : une chute, un nuage de terre, une pluie de cailloux, un choc brûlant, des cris que j'entendais vaguement...

Quand je me suis relevé, le Grand Chef gesticulait à travers un voile de poussière et de fumée. Il m'a attrapé par les oreilles en me traitant de sale galopin et de beaucoup d'autres noms encore et, comme si ça ne suffisait pas, il m'a mis sous son bras et m'a donné une fessée à te couper le souffle.

Dc toute façon, mon souffle, il était coupé depuis longtemps.

Je ne comprenais rien à ce qui m'arrivait. Ce n'est que quand j'ai aperçu le trou dans le plafond de la caverne, quand j'ai vu les quartiers de viande — que le Chef rôtissait sur les braises — recouverts de terre et de cailloux, que j'ai réalisé ce qui s'était produit.

L'antre de l'ours communiquait par un étroit boyau avec une des grottes secondaires du Grand Chef.

Personne ne le savait, à cause de l'éboulement.

Et moi, j'étais tombé au milieu du rôti.

CHAPITRE V

LEÇON DE DESSIN

Ils en ont parlé longtemps, de la grotte ! Pense donc, nous vivions près d'un ours sans le savoir !

Faut dire que celui-ci était discret. D'habitude, les ours des cavernes sont terribles. Ils t'estourbissent un chasseur d'un revers de patte ; un coup de griffe bien donné, et tu te retrouves ouvert comme une poire mûre. Je ne plaisante pas, tu sais ! On en a ramassé, des hommes dans cet état ou avec la poitrine toute cassée !

Eh bien, celui-là, non. Jamais on ne le voyait, jamais on ne l'entendait. Pas question de nous attaquer, non plus. Il était même assez malin pour rentrer chez lui par un chemin détourné. Les baies et les champignons devaient lui plaire plus que les enfants de la tribu. De temps en temps, quand il avait envie de viande, il mâchouillait sans doute une nichée de petits lapins plutôt qu'une ramasseuse de bois mort.

Un modèle d'ours, en somme, malgré ses griffes et ses grognements. Un ours comme on en voit peu dans ce pays où les bêtes et les hommes se bagarrent sans arrêt.

Le Grand Chef a dit :

— En avant ! Nous ne pouvons tolérer l'ennemi si près de notre campement ! Tuons-le. Ainsi, nous prendrons sa force !

Et il a regardé partir les chasseurs, leurs lances, leurs sagaies et leurs haches.

Les chasseurs lui ont rapporté la peau de l'ours pour embellir sa couche, et aussi les dents pour qu'il s'en fasse un collier. Pas exactement tous les chasseurs : ceux qui étaient encore en vie et en assez bon état pour marcher.

Car, moi qui connaissais l'ours, je sais de quoi il était capable quand on le dérangeait chez lui. Il paraît qu'il s'est défendu d'une façon terrible !

Le Grand Chef a pris la grotte. Il n'y a rien à

redire puisqu'il en avait besoin absolument. A l'endroit de ma chute, là où le plafond s'est écroulé, on a découvert un nouveau conduit, plus large que celui par lequel j'étais passé.

Le Grand Chef a dit :

— Allons voir où il mène.

Et il a désigné Crognon comme volontaire parce qu'il est plus maigre qu'une arête de poisson. Crognon s'est enfoncé dans la falaise. Il est arrivé à une grotte dans laquelle le jour n'entre pas, si basse qu'on doit s'y tenir accroupi.

Le Grand Chef l'a donnée au clan pour le récompenser de son courage.

— Nous allons y enfermer les Forces de la chasse, ont décidé les hommes.

Plus de dessins noircis d'humidité, envahis de moisissures et de suie, abîmés par les enfants avec cette manie qu'ils ont de mettre leurs doigts partout. La grotte est sèche au centre de la falaise ; elle communique très peu avec l'extérieur. Les dessins y seront à l'abri. Les chasseurs pourront aller les voir avant de partir pour les battues les plus dangereuses. Ainsi, ils se montreront courageux. C'est vrai, c'est drôlement réconfortant de savoir que l'on tient prisonnier l'esprit du bison, celui du cerf et même celui du mammouth. On se sent plus fort.

Moi, je me demande si nous ne mangerons pas de la viande encore moins souvent qu'avant, papa, maman et moi. Les chasseurs vont oublier qui a enfermé l'esprit des bêtes dans la caverne en les dessinant.

Faudra y veiller, Petit Cro-Magnon.

Les hommes du clan ont agrandi le conduit. Ils l'ont attaqué avec leurs massues. Ils ont déblayé les éboulements. Papa s'est mis au travail sans tarder, enthousiaste comme toujours. Les idées bouillonnent sous la broussaille de ses cheveux. Il respire à peine dans son réduit, il tousse beaucoup à cause de la fumée des torches, mais il y passe ses jours et ses nuits. Il peint des aurochs énormes avec des cornes si petites, si fragiles que les chasseurs domineront leur peur en les voyant. Il est seul dans son trou, accroupi, plié, caché aux regards, et il est heureux.

Pas tout à fait heureux, non. Papa n'est jamais tout à fait heureux quand il termine un dessin.

— C'était tellement plus beau dans ma tête ! dit-il chaque fois en soupirant.

Son désespoir, c'est la couleur. Du jaune au rouge, ça va, il connaît toute la gamme. Tous les jaunes, tous les rouges. Il sait faire les mélanges, les ocres de la terre broyés avec les sucs des plantes, la graisse du renne pétrie avec les œufs, le sang avec la cendre. Il obtient des bistres, des bruns, en chauffant ses couleurs, en les brûlant. Il connaît tout, mais pas la couleur du ciel ni celle de la forêt.

Papa voudrait trouver des bleus et des verts et il ne les trouve jamais.

Le bleu, il le cherche sur les ailes des papillons, dans les pétales des fleurs, dans l'eau des sources. Il essaie de prendre le vert aux feuilles écrasées, aux mousses, à cette bourre épaisse que l'on voit sur les eaux dormantes, aux lézards... Il n'y est pas arrivé.

— Attacher un peu de ciel à la roche, Petit Cro-Magnon ! Fixer l'herbe sous les pattes du bison et de la vache pour qu'ils aient leur nourriture quand les glaces recouvrent la terre ! Il me semble que, si je pouvais faire cela, nous deviendrions plus forts que le temps du froid. Ce serait un peu comme si nous inventions un autre feu.

Voilà ce qu'il dit, papa, en se grattant la tête. Moi, je l'écoute avec patience, sans l'interrompre pour ne pas le mettre de mauvaise humeur... Et aussi parce que je le trouve chouette dans ces moments-là.

J'ai bien fait d'être prudent ! Hou ! que j'ai bien

fait ! Figure-toi que papa ne se contente plus de dessiner des biches, des mammouths et des bisons. Il s'est fourré dans la tête de me préparer à prendre un jour sa succession.

Hier, il est venu s'asseoir près de moi et il m'a dit :

— Je vais te mettre au courant de mes secrets. L'art ne doit pas se perdre. Il faut le transmettre de père en fils.

Je veux bien, mais je me demande si, plus tard, j'aurai moi aussi un Petit Cro-Magnon qui ira chercher des pousses tendres dans le marais chaque fois que ma peinture ne nourrira pas la famille.

De plus, le dessin ne m'attire guère. Quand papa voit courir un cheval, il a envie de le croquer ; moi, j'ai envie de l'avaler sans même le faire cuire. Il doit y avoir quelque chose que je n'ai pas hérité de papa.

Pourtant, comme je suis d'un naturel plutôt docile, j'ai répondu :

— Oui, papa !

Et j'ai cherché, dans les feux, de beaux morceaux de charbon de bois. Après quoi, je me suis tenu le plus loin possible de mon père pour ne pas lui faire revenir en tête l'étrange idée qu'il avait eue.

— Petit Cro-Magnon !

As-tu remarqué que les parents t'appellent pour les devoirs toujours au moment où tu commences à bien jouer ? J'étais en train d'aligner des coquilles d'escargot qui représentaient des mammouths et je me préparais à écraser lesdits mammouths avec une pierre quand papa s'est souvenu de sa drôle d'idée.

D'abord, j'ai fait celui qui n'entend pas.

— Petit Cro-Magnon !

Ensuite, pour gagner un minuscule instant, j'ai dit :

— Oui-i-i !

— Viens voir ici !

Le temps d'écraser au moins un mammouth avec le galet rond que j'avais trouvé, j'ai répondu :

— Quoi ?

Comme si je n'avais pas bien compris ce qu'il me disait.

— Viens voir ici !

Le ton commençait à changer. Tu dois sentir, j'imagine, ce changement dans le ton de ton père ou de ta mère quand ils t'ont déjà appelé plusieurs fois. Moi aussi. Pourtant, en écrasant encore un mammouth-escargot, j'ai crié :

— J'arrive !

Sans arriver, bien sûr.

C'est papa qui est arrivé. Il m'a attrapé par une oreille et il m'a mis debout. Le jeu était fini.

— Tu ne peux pas venir quand je t'appelle ?

Et moi, l'air d'un enfant martyr, la bouche en cœur, l'œil étonné :

— Mais, papa, je venais !

— Qu'est-ce que tu as envie de dessiner ?

Je n'avais envie de rien dessiner. J'ai dit :

— Une taupe.

— Espèce d'idiot ! Tu te moques de moi ?

— Non, papa.

— Alors, pourquoi me réponds-tu une taupe ?

— Parce que tu m'as demandé ce que j'avais envie de dessiner.

— Une taupe, ça ne se dessine pas ! On représente des animaux dignes de l'art rupestre : les grands herbivores, les animaux nobles qu'il faut abattre à la chasse ! L'art, mon fils...

Le voilà parti dans une leçon sur l'art. Il n'arrêtait plus. Avec des gestes, des mimiques, des grognements. Quelques paroles aussi de temps en temps, très souvent répétées. Je le laissais parler. Nous étions au soleil. Sur le sol, près de moi, il y avait une longue procession de chenilles velues que je trouvais drôles.

— Tu m'écoutes ?

— Oui, papa.

D'un geste large, il a balayé ce qu'il voulait encore me dire :

— Et puis, tout ça, ce sont des mots ! Pendant qu'on parle, on ne dessine pas !

Il avait préparé son matériel, mon papa si soucieux de m'apprendre le dessin ! Il avait mis des poudres ocre et des poudres blanches dans des pierres creusées, des charbons pour le trait, des cendres pour les ombres...

Rien ne manquait.

Si ce n'est un peu de patience pour lui.

Un peu de bonne volonté pour moi.

— Ton animal, tu dois d'abord le porter en toi, le voir dans ta tête, tu comprends ?

— Oui, papa.

Je ne comprenais pas comment on pouvait voir l'animal dans sa tête. J'avais beau fermer les yeux, appuyer dessus mes poings serrés, je ne voyais que la nuit et des taches de couleur imprécise qui remuaient.

— Pense un peu à ce que tu fais ! criait papa. Si tu ne le vois pas, tu ne pourras pas le représenter.

— Mais je ne vois rien !

Pof ! Une gifle que je n'avais pas vue venir, elle non plus.

Je me suis mis à hurler en me tenant la joue. Quand Cromagnonnet m'envoie un coup de poing ou un coup de pied, je ne pleure absolument pas, même si j'ai très mal. Quand papa ou maman me donnent une taloche, je joue les fleurs fragiles qu'un rien blesse à tout jamais. Je sanglote, je me frotte l'oreille, je renifle et j'arrive à pleurer très, très longtemps.

J'ai donc dessiné, avec des hoquets et du noir de charbon mélangé à mes larmes. Il y avait plus de barbouillage sur mes joues que sur le rocher. Papa, ayant un faible pour les chevaux, m'avait imposé le sujet : groupe de chevaux poursuivis.

Et allez donc !

Des chevaux ! Et poursuivis, encore !

— Plus haute, la patte ! Ils courent, je te dis ! On va les tuer, c'est sûr, tu les dessines pour ça, mais, tout de même, ce sont des chevaux, que diable !

— Oui, papa.

J'ai cassé les charbons de bois, j'ai soupiré trop fort et trop près d'un petit tas de cendres qui s'est envolé et mes chevaux ressemblaient à...

— Si c'est pas malheureux de gâcher une surface aussi lisse ! a lancé papa.

Nouvelle gifle avant d'ajouter, très convaincu :

— Je me demande qui m'a fait un imbécile pareil !

Une phrase que tout père, dans le monde, devrait bien se garder de prononcer, pas vrai ?

Il est parti, furieux. Mes études de dessin sont interrompues pour au moins trois lunes.

CHAPITRE VI

LE CŒUR DE SILEX

C'est décidé. Juré, craché ! Je vais à la chasse, le prochain matin, avec tous les hommes du clan. On dit qu'il y a un rhinocéros laineux dans les parages.

Un bon morceau de rhinocéros laineux sur la braise. A peine saisi. Hum ! quel régal !

Seulement, un rhinocéros laineux, ça ne s'attrape pas n'importe comment, en deux coups de massue. J'aurais préféré commencer par des lapins.

Avant tout, il me fallait une arme. Tu ne devineras jamais comment je me la suis procurée. Tiens, je vais te le raconter et, après, j'irai vite dormir parce que je dois être solide au poste, demain matin.

Depuis qu'ils ont repéré le rhinocéros, les hommes préparent de nouveaux silex. Ils fabriquent des lances, des haches...

Tu ne sais peut-être pas comment on fabrique des lances ou des haches. Eh bien, au pied de la falaise, il y a des blocs de pierre tendre qui ont un cœur de silex. Faut avoir le coup d'œil pour les reconnaître ! Quand un homme a trouvé une de ces pierres, il la fait éclater comme une noix. Au milieu est le rognon, plus dur que la montagne, plus dur que le crâne du mammouth. Il a déjà presque la forme d'une arme.

J'ai cherché longtemps au pied de la falaise, moi aussi. J'ai cassé des blocs. Ah ! pour ça, oui, j'en ai cassé ! Ils avaient tous un cœur blanc et tendre que c'en était désespérant. Que veux-tu, je ne suis pas doué. Je ne dois pas avoir le coup d'œil !

Autour de moi, les hommes poussaient des grognements joyeux chaque fois qu'ils arrachaient le silex à cette autre pierre qu'on appelle, ici, la craie. Comment vous l'appelez, vous ?... Le calcaire ? Ah ! bon.

Dès qu'ils avaient découvert un calcaire intéressant, je sautais sur le calcaire qui était à côté. J'avais toutes les chances d'en tirer un cœur de silex, puisqu'il était à côté. Cela ne te paraît pas logique ?

Je le soulevais au-dessus de la tête, à bout de bras. C'était lourd comme tu ne peux pas l'imaginer. Je le fracassais sur un rocher. Il se cassait... Un peu... Je recommençais... il se cassait un peu plus... Je recommençais encore... Je me disais :

« Tu finiras bien par le casser tout à fait. Continue, Petit Cro-Magnon ! »

Et, quand j'écrasais le dernier morceau avec un bloc plus lourd que moi, il ne restait que des éclats et une poudre blanche qui aurait été très utile pour peindre un rhinocéros dans une caverne mais pas du tout pour saisir un filet de rhinocéros sur la braise.

Décourageant ! C'était décourageant !

Juste au moment où je désespérais le plus, un chasseur a fait le difficile. Il avait trouvé un rognon de silex, mais d'après lui trop petit, pas assez long, trop ceci, pas assez cela et je ne sais quoi encore. Il l'a jeté, le bougre !

Tu penses si je l'ai ramassé ! J'en avais par-dessus la tête de soulever des rochers, c'est le cas de le dire.

Après, faut de la patience et un bois de cerf pour taper sur le silex. Si tu n'es pas patient, pas la peine de commencer, tu jetteras ta pierre avant d'en avoir arraché un seul éclat.

Moi, patient, je ne le suis pas trop. Eh bien, pourtant, je suis arrivé à donner à mon silex à peu près la forme d'une feuille de laurier.

La feuille de laurier, c'est le fin du fin : le silex long, tranchant, perçant. On le tient dans la main. Il prend bien la forme du dedans de la main. C'est une arme et c'est beau. Notre nourriture dépend de cette feuille de laurier, tu comprends. Et puis aussi on taille les peaux avec elle, on les racle, on ouvre les fruits qui ont une écorce trop dure...

Je te dis mal ce que je veux te dire. Je ne trouve pas les mots qu'il faudrait, mais je voudrais te montrer que je ne sais pas ce que nous deviendrions sans le silex taillé.

Donc, je suis arrivé à peu près à la feuille de laurier. A peu près seulement ; pour un début, je ne devais pas me montrer trop exigeant. Essaie donc, et tu me diras si c'est facile !

Je m'étais installé au pied de la falaise, à l'abri du vent. Le soleil me chauffait un peu, les arbres remuaient au-dessus de ma tête... Ça soufflait dur. J'étais bien. Seulement, n'ayant pas de bois de renne, je devais me contenter d'un caillou qui ne faisait pas trop l'affaire. Je tapais un coup par-ci, un coup par-là, un coup sur mes doigts.

Comme je tapais aussi souvent sur mes doigts que sur la pierre, il fallait trouver une solution, et je l'ai vite trouvée. Il y avait un trou dans la terre entre mes jambes écartées, j'y ai mis le silex. Il était calé. Il tenait tout seul.

Je donne un coup très léger, juste pour travailler la pointe.

Plus de silex !

Disparu dans le sol.

« Aucune importance, que je me dis, c'est sans doute un trou de rat. Ou, peut-être, je vais trouver un lapin. »

Et je me mets à creuser. La terre avait l'air d'avoir été remuée, je l'enlevais facilement. Drôle de trou de lapin ! Je commençais à devenir curieux. Tu le sais, un rien m'intéresse, moi. Les chasseurs étaient partis vers un autre éboulement de la falaise. J'étais seul et je grattais, je creusais, avec mon caillou, avec un bâton...

J'ai rencontré un rocher, mais pas un rocher comme les autres : une pierre tellement plate qu'elle ne pouvait pas être venue là toute seule. Ce n'était pas normal. J'ai agrandi le trou en me dépêchant. Tu penses, je n'avais pas envie qu'on me surprenne !

« Si c'était une tombe ?... Mais non, elles sont dans le ravin ; ce n'est pas une tombe. »

Je me rassurais comme je pouvais. Elle faisait un drôle d'effet, cette pierre plate ! Qu'est-ce que tu aurais pensé, toi, hein ? Pour la soulever, il m'a fallu du temps et de la force, je te prie de le croire. Mais, dessous...

Tu veux savoir ce qu'il y avait dessous ?... J'en suis encore étonné.

Sous la pierre il y avait, bien rangées dans la mousse et sur du sable, des lames de silex comme jamais tu n'en as vu. Des feuilles de laurier parfaites, presque aussi fines que les vraies qui poussent sur les branches. Et pointues ! Tu ne peux pas t'en faire une idée.

Ce n'est pas tout ! Il y avait aussi des tranchets

capables de te découper un mammouth en rubans, des coups-de-poing lisses et durs que c'était un plaisir de les caresser. Et puis encore des aiguilles d'os, des pointes de sagaies, des racloirs.

J'étais tombé sur la cache d'un tailleur de silex. Un homme un peu étrange sûrement, puisqu'il enfouissait ses plus belles pièces dans la terre au lieu de s'en servir. Il devait être heureux de les savoir à l'abri des hommes. C'était son trésor à lui. De temps en temps, il soulevait sans doute la pierre pour les regarder.

Drôle d'idée ! Qui, dans le clan, pouvait avoir des idées pareilles ? Je n'en vois qu'un et il est parti pour le Pays des Ombres. On l'a couché sous la terre, lui aussi, tout enduit d'ocre rouge et avec le crâne de l'ours sous la tête. C'est Crom.

Il était à la chasse à l'ours de l'autre jour et l'ours lui a fait une grande entaille dans le cou avec ses griffes. Toutes les forces de Crom sont sorties de plus en plus vite par cette entaille. Pourtant, de la force, Crom, il en avait ! Je ne connais même personne de plus fort que lui.

Le soir, qui roulait les rochers à l'entrée de la

caverne ? Crom, pardi ! Les autres mettaient leur épaule contre la pierre et criaient :

— Allez, Crom ! On t'aide !

Quand un bison se débattait, qui le maintenait à terre ? Crom.

— Tiens bon, Crom ! On arrive !

Crom était le plus fort et le plus doux des hommes du clan. Il tuait les bêtes pour les manger, pour mettre leur fourrure quand il avait froid ou pour se défendre quand il était attaqué. Jamais pour le plaisir. Il disait toujours :

— Les bêtes, faut les garder. Malheur aux hommes quand il n'y aura plus de bêtes.

Il ajoutait souvent, avec les quelques mots qu'il avait :

— Les plantes aussi. Les plantes, c'est pareil.

Et il montrait la forêt du doigt. Un doigt ! Si tu avais vu le doigt de Crom ! Gros comme mon bras.

La main de Crom savait faire éclater les pierres pour en sortir le rognon de silex, on peut le dire !

N'empêche, c'était une idée étrange que d'enfouir des outils qui ne servaient à personne.

C'est beau, une aiguille en os de poisson, mais c'est encore plus beau, je trouve, quand ça coud deux peaux ensemble pour vaincre le froid. Et un silex taillé, c'est encore plus beau quand ça sert à vaincre la faim.

J'ai vite compris le parti que je pouvais tirer de ma découverte. J'ai essayé dans mon poing toutes les lames, l'une après l'autre, et j'ai gardé celle qui semblait faite pour ma main. Tiens, elle est là, sous mon paletot. Elle est attachée avec un lien autour de mes reins. Chut ! Motus ! On me l'aurait vite chipée.

Après, j'ai offert des aiguilles à maman, un racloir à papa, et le reste, je l'ai disposé à l'entrée de la caverne. Les aiguilles bien alignées, pas une de travers. Les lames de silex couchées sur le sable aplani. Les plus brillantes, les plus belles, je les avais posées sur des feuilles fraîches. Leur teinte ressortait mieux ainsi et elles avaient l'air encore plus magnifiques. Oh ! des idées, j'en ai, je te prie de le croire. Si tu avais vu comme tout était beau !

J'avais à peine terminé mon installation qu'une femme s'est approchée, une vieille toujours à l'affût du moindre événement. D'autres ont suivi, elles étaient mangées de curiosité. Pour en attirer encore, je me suis mis à crier :

— Approchez ! Approchez ! Venez voir ! Des aiguilles comme vous n'en avez encore jamais eu entre les doigts ! Qui veut une aiguille ? contre une tranche de bison ! C'est donné !

Les femmes parlaient toutes en même temps et je devais crier plus fort pour me faire entendre. Elles se sont poussées du coude jusqu'au moment où la mère de Cromagnonnet m'a tendu une moitié de lièvre en échange de trois aiguilles. C'était gagné. Les autres ont eu peur de ne pas en avoir. Je les ai vues courir à leurs cachettes et elles sont revenues avec un poisson, avec un canard, avec des œufs de perdrix, avec des tas de bonnes choses qui me pinçaient l'estomac rien qu'à les voir.

Le temps d'un clin d'œil, il ne me restait pas une aiguille.

Pour les hommes, il fallait trouver d'autres mots. Les mots ! Les mots ! Ce que nous avons le moins ! Avec toi, j'emploie un langage magique qui me permet de tout te raconter et qui fait que tu me comprends, mais, avec ceux de la caverne, c'est différent. Un grognement, suivant sa force, suivant sa durée, suivant le ton aussi, nous sert de phrase. Un geste dit ce que nous avons à dire, et nous n'avons pas beaucoup de choses à dire.

Moi, cette fois, j'en avais et je devais trouver des mots.

— Approchez ! Approchez ! Venez voir mes silex, mes silex bien taillés ! Regardez ce tranchant ! Jamais vous n'avez vu une arme pareille ! Approchez ! Approchez ! Avec ce silex, vous serez le plus fort de la forêt !

Tu vois que j'en trouvais, des mots ! Il me semble même qu'à force de te parler j'en trouve de plus en plus aussi dans notre langage magique.

Les chasseurs étaient plus difficiles à convaincre que les femmes, et, moi, je n'étais pas tranquille. Je me disais :

« Et si ce n'était pas Crom, hein ? Si c'était un homme qui ne soit pas encore parti au Pays des Ombres ? S'il revenait, là, tout à coup... Quelle raclée je recevrais ! J'aime mieux ne pas y penser. »

Je criais encore plus fort pour ne pas entendre cette petite voix en moi qui me donnait la frousse.

Il me semblait à tout moment qu'un colosse allait arriver et me dire :

— Dis donc, petit...

Tu sais, l'air faussement calme, les jambes écartées et les bras décollés du corps...

— Approchez ! Approchez ! Avec cette pointe de lance je vous donnerai encore un coup-de-poing ! C'est pour rien ! Approchez !

Ils approchaient, mais sans se presser, l'air pas intéressé. J'étais accroupi, en train de rassembler les armes pour boucher les vides que les femmes avaient faits dans mon étalage, et je criais toujours, sans même regarder ceux qui venaient :

— Approchez ! Approchez !

— Dis donc, petit...

Je me suis arrêté de respirer. A hauteur de mon nez, j'avais deux jambes grosses comme des arbres, avec deux pieds écartés, bien écrasés sur le sable. Mon regard est remonté lentement, dans le silence, le long de deux cuisses comme ça, une fourrure de loup remplie de muscles, une barbe qui ressemblait aux poils du loup...

— Celui-ci, tu me le donnes contre quoi ?

Ouf ! J'ai recommencé à respirer. Il m'a semblé que quelque chose tombait dans ma poitrine.

— Celui-ci, Cromat, je ne te le donnerai que si tu me donnes, toi, la peau de cet ourson que tu as rapporté hier.

— Fichtre ! La peau de l'ourson ! Elle me sert à me chauffer les pieds quand je reviens de la chasse.

— Tu en auras d'autres, Cromat ! Avec un silex pareil, tu tueras tous les oursons que tu voudras !...

Et, un moment après :

— Merci, Cromat. Tiens, le voici, ton silex ! Approchez ! Approchez ! Venez voir !

Ils approchaient maintenant, ça, on peut le dire ! Ils se sont même un peu battus quand il ne m'est resté qu'une pointe de harpon.

— Dépêchez-vous ! Il n'y en aura pas pour tout le monde ! Cette pointe de harpon contre une peau d'ours !

J'avais tout échangé, je pouvais me montrer exigeant. J'ai eu la peau d'ours, une belle peau avec des poils épais. Il va faire drôlement bon dormir dedans ! J'ai sommeil rien que d'y penser. Fini, le lit de feuilles mortes.

Si tu avais vu le repas que nous avons fait ! Papa a oublié de courir après son inspiration, maman n'a plus rêvé à sa caverne, nous avons allumé un grand feu. La nuit était tombée, mais le feu chassait la nuit tellement il était grand. Nous avons étalé la braise, nous avons mis dessus les lièvres et les lapins, les morceaux de bison et le reste, et nous avons chassé la faim. Toute la caverne sentait bon la viande grillée.

Des amis sont venus et les amis de nos amis. Ceux qui m'avaient donné la viande l'ont aussi mangée. Je trouvais ça très bien. Cromagnonnet était assis à côté de moi et je lui tendais des cuisses de corbeau, des ailes de poule d'eau...

Papa mangeait comme quelqu'un qui ne s'est rien mis sous la dent depuis plusieurs jours — ce qui était le cas, d'ailleurs. Il avait laissé les torches s'éteindre dans sa caverne ; les couleurs, il n'y pensait plus. Il tenait une patte de cerf à deux mains et il mangeait en riant, tellement il était content.

Moi aussi, j'étais content. J'aimais bien ce

grand festin dans la grotte. On aurait dit une fête. Quel dommage que Crom soit parti au Pays des Ombres ! Nous aurions pu nous entendre, tous les deux. Il aurait fabriqué des outils et je les aurais échangés. Jamais nous n'aurions eu faim.

Tant pis, n'en parlons plus. Je ne serai pas tailleur de silex, puisque je n'ai pas le coup d'œil qui reconnaît les pierres au cœur dur.

Je ne serai pas artiste, puisque papa trouve que je manque de dons.

Alors, qu'est-ce que je serai ?

Demain, je vais à la chasse au rhinocéros laineux. Je serai peut-être chasseur. Ça ne me dit pas grand-chose pourtant, au départ.

CHAPITRE VII

LA CHASSE

Ah ! non, alors ! Je ne serai pas chasseur !

J'ai reçu un rhinocéros laineux sur la tête, tu te rends compte ?

J'aurais dû me méfier. On n'est jamais assez prudent.

Il y a deux façons de tuer les rhinocéros. Ou bien on les fait tomber du haut de la falaise, à condition qu'ils veuillent tomber — et c'est rare quand ils le veulent — ou bien on s'arrange pour qu'ils aillent dans un trou qu'ils n'ont pas vu et où ils ont beaucoup de mal à se défendre.

J'aurais dû demander à quel endroit les chasseurs avaient creusé ce trou. Je suis étourdi, ça, je le sais, et je n'arrive pas à m'en corriger.

Tu te souviens de ma mésaventure dans la grotte de l'ours. J'aurais dû remarquer l'odeur. Eh bien, non, je n'y ai presque pas fait attention.

J'aurais dû !... J'aurais dû !...

Hier, même chose. J'ai bonne mine, après, à me dire :

« Si j'avais su !... La prochaine fois... »

La prochaine fois se présente d'une autre façon et, au bout du compte, je suis encore à me dire :

« Si j'avais su !... La prochaine fois... »

Mais revenons à ma chasse de ce matin. Quand les hommes ont parlé des parages, ils ne donnaient pas à ces mots le sens que je leur donne. Qu'est-ce qu'on a marché !

A propos ! Ça y est, je suis allé plus loin que le ruisseau. Eh bien, il y a toujours la forêt. Maintenant, je crois qu'elle ne finit jamais. Nous avons vu la rivière ; elle est grande, d'accord, mais pas autant que je l'imaginais. C'est vrai, j'ai été déçu. On se fait une idée des choses, et puis, quand on les voit, elles ne sont pas du tout aussi extraordinaires qu'on l'attendait.

La rivière, oui..., bof !

Le ruisseau en plus grand.

Je marchais donc derrière Cromat. Je ne sais pas comment il fait, Cromat, il marche, il marche, on dirait que jamais plus il ne s'arrêtera. Il a les bras ballants, les épaules un peu courbées. Ses yeux ont l'air de ne rien voir et ils voient tout. Ses oreilles entendent tout. Un léger craquement de branche, une goutte d'eau, une souris sur la mousse, rien ne lui échappe.

Quand nous sommes arrivés près de la rivière, il a fait un signe. Tout le monde s'est arrêté. J'étais content, car je commençais à avoir mal aux jambes. Cromat a fait un autre signe, et on s'est remis en route.

J'avais encore plus mal aux jambes.

Les chasseurs, maintenant, avançaient sans le moindre bruit. Comment des hommes aussi gros, aussi forts, peuvent-ils marcher ainsi ? Moi, je posais le pied sur une brindille :

Crac !

On devait l'entendre à l'autre bout de la forêt. Cromat me lançait une grimace pour me montrer à quel point je l'énervais. J'étais là, le pied en l'air, et, ce pied, il fallait bien que je le pose quelque part.

Crac !

Une petite feuille morte de rien du tout : elle faisait encore plus de bruit que la brindille ! J'avais des dons pour être rabatteur.

— Va dans cette direction, m'a dit Cromat par un geste.

Tout seul ? Mais maman ne m'a jamais permis de dépasser le ruisseau ! Et aujourd'hui, sans crier gare... Il me faudrait m'y habituer, moi ! Je devrais m'y mettre progressivement !...

Il paraît qu'on ne devient pas un chasseur progressivement.

« Et si je rencontre le rhinocéros, qu'est-ce que je fais ? »

J'ai touché la lame de silex sous mon paletot. Elle y était, toute tiède contre ma peau. Encore heureux ! Mais elle me semblait si petite, comparée à un rhinocéros, que je n'en étais pas rassuré pour autant.

Je me suis dit :

« Si je rencontre cette sale bête, je monte à un

arbre. Les arbres, au moins, ce n'est pas ce qui manque ! »

En réalité, je n'étais pas seul. Un groupe de chasseurs s'en est allé dans une direction ; l'autre, celui dont je faisais partie, a attendu un peu avant de se remettre en route.

Et moi, qu'est-ce que je devais faire ?

J'ai suivi.

— Va donc ! m'avait fait Cromat par un geste.

Je suis allé. J'ai marché droit devant moi. Jusque-là, les chasseurs étaient tellement silencieux qu'on ne les entendait pas poser leurs pieds. Maintenant, ils faisaient le plus de bruit possible. Ils tapaient dans les buissons avec des bâtons, ils criaient tant qu'ils pouvaient. Des quantités de bêtes se mettaient à courir devant eux et ils les laissaient s'enfuir sans même leur lancer une pierre. Des lapins, des lièvres, des castors, tout ce qui est bon à manger. Quel gâchis !

Pourquoi chasser un rhinocéros dangereux alors qu'il y a des lapins partout ? C'est la logique des adultes, va donc y comprendre quelque chose !

J'étais un peu plus rassuré depuis qu'ils faisaient tant de tapage. La forêt me semblait moins terrible. Et puis je criais, moi aussi, je donnais des coups de pied dans les champignons...

D'accord, je reconnais que, pour le bruit, on peut trouver mieux, mais c'est amusant de donner des coups de pied dans les champignons et ça fait doux aux orteils.

— Va par là ! m'a dit un chasseur.

Par là, il y avait un talus, je l'ai descendu. Très vite parce que, en haut, mon pied a tourné. En arrivant en bas, cul par-dessus tête, j'ai dit presque tous les gros mots que j'ai appris dans les disputes avec les autres clans. Ça m'a un peu calmé.

Je n'avais pas mal, tu le comprends, ce n'était pas la première fois que je dégringolais un talus. Avec Cromagnonnet, on a joué des tas de fois à dégringoler les talus. En me relevant, j'ai entendu des branches craquer : le vent, là-haut, dans la cime des arbres. En revanche, plus de coups de bâton dans les broussailles.

Mais alors, plus un seul !

Les rabatteurs étaient partis. Tu crois qu'ils

s'étaient occupés de moi ? Qu'ils m'avaient appelé ? Pense donc !

Et les oiseaux chantaient ! Tu as remarqué comme le chant des oiseaux fait peur quand on est seul dans les bois ? Si on l'entend de la caverne ou sur le sentier qui va au ruisseau, c'est agréable, c'est gai. Mais, pendant que tu rabats un rhinocéros laineux au bord d'une rivière inconnue, avec des chasseurs qui oublient de te prévenir quand ils changent de direction, c'est horrible. Le silence de la forêt en paraît plus effrayant.

Je me souviens des corbeaux, surtout, et d'un autre oiseau, dont je ne sais pas le nom, qui sifflait pour se moquer de moi.

Ou peut-être pour avertir quelque bête qu'il y avait un enfant perdu sous les arbres, tout seul... Avec les oiseaux, on ne sait jamais...

J'en ai vu s'envoler un... Ma parole ! Il éclatait de rire :

Hi, hi, hi !

Quelque chose dans ce goût-là.

J'ai eu peur. A toi je dis tout, vraiment, sans mentir. Parce que c'est toi. A Cromagnonnet j'ai raconté qu'un loup s'était approché, qu'il m'avait poursuivi et que j'avais couru plus vite que lui. Ce n'est pas vrai. Sois gentil, ne le lui répète pas. Il n'y a pas eu de loup, il y a eu ma frousse, c'est tout.

Quand je me suis vu seul dans une forêt que je ne connaissais pas, avec un rhinocéros laineux qui allait arriver, j'ai été pris de panique. Une panique bleue. Quelque chose a bougé dans un fourré. Je me suis mis à courir. Là, je n'ai pas menti à Cro-magnonnet. Pour courir, j'ai couru ! Droit devant moi, comme m'avait dit Cromat. Ah ! pour ça, oui, j'allais droit devant moi ! Je sautais par-dessus les troncs renversés, je traversais les taillis. Plus les branches craquaient, plus j'avais peur et plus je courais. Je n'osais pas me retourner, j'étais sûr qu'on me poursuivait.

Je ne peux pas te dire tout ce que j'imaginais à mes trousses.

Les flaques d'eau, les arbres penchés, les racines qui sortaient de terre, rien ne m'arrêtait.

Après, tout s'est passé si vite que j'ai du mal à me le rappeler bien. Je suis arrivé sur un chemin et le chemin s'est ouvert sous moi. La terre, l'herbe, les feuilles mortes, je suis passé au travers. Plouf !

Je me suis retrouvé dans une fosse avec, au-dessus de ma tête, des branches entrecroisées.

La terre, les mottes d'herbe, les feuilles mortes, les branches entrecroisées : j'ai vite compris. Le piège ! J'étais tombé dans le piège à rhinocéros. Je n'avais fait qu'un trou, pas grand-chose. Quelques brindilles écartées, un peu de mousse autour de moi, une poignée de feuilles mortes. Le rhinocéros ne verrait même pas que le piège avait servi.

Mais alors ! ! !

Mon sang n'a fait qu'un tour. Mais alors, s'il arrivait, là, avant que je sois remonté ? S'il tombait — pof ! — avant que j'aie pu grimper ? Qu'est-ce que je deviendrais, moi ?

Je m'étais à peine rendu compte du danger que la terre s'est mise à trembler.

Boum, boum, boum ! Boum, boum, boum ! Boum, boum, boum ! Badaboum ! Badaboum !

Un galop sourd et de plus en plus fort. Quand je dis un galop, je suis modeste. On aurait cru qu'une montagne dégringolait. Le sol remuait tellement que des flocons de mousse se détachaient du croisillon des branches.

Le rhinocéros arrivait droit sur le piège, il n'y

avait pas à en douter. Je me suis affolé. J'ai essayé de m'accrocher au toit de la fosse : il était trop haut. Je pouvais toujours sauter !... Impossible de l'atteindre.

Je me suis jeté contre la paroi pour essayer de l'escalader : elle était si lisse que je n'arrivais à caler mon pied nulle part. Pas le moindre appui. Va donc monter dans ces conditions !

Et toujours :

Badaboum ! Badaboum ! Badaboum !

Alors, je me suis plaqué contre la muraille. Je me suis fait aussi plat que j'ai pu et j'ai fermé les yeux.

L'inévitable est arrivé. Le roulement est devenu un bruit de tonnerre. J'ai mis la tête dans les épaules et :

Baoum ! ! !

J'ai reçu le rhinocéros sur le coin de l'oreille.

Enfin, façon de parler. Il est tombé plutôt à côté de moi. J'avais si peur que j'étais encore plus plat que les bisons de papa sur les murs de la caverne. Je ne prenais guère de place, je te l'assure.

Mais lui, alors, qu'est-ce qu'il lui fallait comme place ! Il se débattait, il piétinait les branches.

Avec sa corne, il soulevait les troncs et les lançait en l'air. Il avançait, il reculait... Même transformé en peinture rupestre, j'y risquais ma vie.

Si cela avait été tout, encore ! Mais non ! Les chasseurs ont eu vite fait d'accourir. Tout de suite, ils ont entouré le piège et ils ont attaqué le rhinocéros avec des blocs de rocher qu'ils faisaient pleuvoir à qui mieux mieux. Et ils braillaient ! Tu ne peux pas t'en faire une idée.

— Raow ! Haan ! Rouah !

Des cris à faire mourir de peur le rhinocéros le plus courageux.

Moi, écrasé contre la paroi, enseveli sous les décombres, je pouvais toujours crier :

— Attention ! Je suis ici !

Il nous tombait dessus de la terre, des pierres, des sagaies... J'étouffais. Le rhinocéros devenait fou, sans doute à cause de la douleur et du sang qu'il perdait. Il essayait de se rouler pour échapper aux rochers et aux lances, mais le trou était trop étroit.

J'étais emmêlé aux troncs, plié, replié. Je saignais moi aussi. Du nez, du front... Je me sentais

perdu. Comme j'étais à moitié assommé, je ne criais plus.

Tout à coup, j'ai vu la longue corne sortir de dessous les branches et monter juste contre mon ventre. J'ai fait un mouvement sans trop savoir ce que je faisais. J'ai refermé mes bras et mes jambes autour de la corne. J'ai fermé les yeux aussi. Il valait mieux que, de nouveau, je ne voie pas ce qui allait se passer.

Une force terrible m'a fait traverser les débris et je me suis envolé haut, très haut.

Les hommes ont été tellement surpris qu'ils sont restés la pierre en l'air, le bras levé avec la sagaie au bout. Cromat, seul, a lâché sa massue, car je suis retombé sur sa tête.

Le moment de surprise passé, on m'a traité d'idiot, de demeuré, de je ne sais quoi encore...

Ce que je sais, sans aucun doute, c'est que je ne serai pas chasseur. Juré, craché !

CHAPITRE VIII

LA PÊCHE

Même s'il est énorme, il ne le sera pas autant qu'un rhinocéros laineux et, de plus, il ne tombera pas du ciel sur ma tête.

Voilà le fruit de mes réflexions. Voilà pourquoi j'ai voulu pêcher le saumon. Pêcheur de saumons, cela peut nourrir un homme. Évidemment, du saumon, toujours du saumon, il y a de quoi se lasser.

Je me disais donc : je serai pêcheur.

Eh bien, je ne me le dis plus.

Depuis que nous avons mangé ensemble au grand festin des outils de Crom, Cromagnonnet et moi, nous sommes copains. Je suis content. C'est bon d'avoir un copain... Surtout dans l'aventure qui vient encore de m'arriver avec cette idée idiote de vouloir attraper des saumons.

Idiote, pas tant que ça. Elle m'était venue en dévorant un grand poisson, le jour de ce fameux festin. Je me brûlais les doigts que c'en était un plaisir et il avait une queue croustillante !... Hum ! J'ai dit à Cromagnonnet :

— Si on allait en pêcher d'autres quand le jour sera de nouveau venu ?

— Ouais..., m'a répondu Cromagnonnet, la bouche pleine et l'air pas très convaincu.

Le jour est revenu et reparti souvent et nous n'y sommes pas allés. Pourtant l'idée restait dans ma petite tête et, hier :

— On y va, Cromagnonnet ?

— Allons-y.

Je suis resté pris de court. Je crois que j'attendais des hésitations, des « Si tu veux » qui ne veulent pas, des « Plus tard » et des « Ouais » qui veulent dire non.

Il acceptait.

— Tu sais, Cromagnonnet, la rivière est loin. Il faut traverser une forêt grande comme tu ne peux pas l'imaginer...

J'exagérais un peu, je le reconnais. Je savais qu'il n'avait pas pris part à la chasse au rhinocéros laineux et que jamais il n'était allé jusqu'à la rivière.

— Qu'est-ce que ça fait ? qu'il m'a répondu. On sera prudents. Autour du ruisseau aussi, tu sais, il y a des bêtes. En quantité.

— Il faudra être prudent. Très prudent.

— Nous le serons.

Il m'étonnait, Cromagnonnet ! Il avait l'air si tranquille, si sûr de lui !... J'en ai eu un peu honte. Il a raison. Bien sûr que la forêt est dangereuse, pourtant il faut se décider, un jour ou l'autre, à ne plus être un enfant. Tu ne le sais sans doute pas, mais, chez nous, un garçon qui a participé à une chasse est un homme.

Donc, nous voilà partis, un harpon à la main, l'un derrière l'autre, en faisant le moins de bruit possible et l'oreille aux aguets. On ne prend jamais trop de précautions. Tant que le sentier était marqué, nous nous sentions presque en sécurité. Entre la grotte et le ruisseau, nous l'avons fait tant de fois !

Le ruisseau passé, les choses ont changé ! Le chemin est devenu plus étroit. Tellement étroit que souvent il n'y avait plus de chemin. Pouf !

Disparu. A cause des herbes, des broussailles aussi.

Les oiseaux chantaient, tu l'imagines bien. A tout moment je levais la tête. Tant de bêtes peuvent te tomber dessus, du haut des branches !

Cromagnonnet était incroyable. Il marchait devant et rien ne lui échappait. De temps en temps, il s'arrêtait. Il restait immobile, capable de démêler les bruits au milieu des chants d'oiseaux. D'autres fois, il collait son oreille à la terre, il fermait les yeux pour ne pas se laisser distraire et, en se relevant, il me faisait signe que nous pouvions continuer.

J'étais impatient de lui montrer la rivière, moi qui l'avais vue. Que veux-tu, un petit désir de supériorité, une envie de faire l'important, je le reconnais.

Quand nous l'avons eue devant nous, mon Cromagnonnet s'est d'abord arrêté, stupéfait, la bouche ouverte, puis il s'est avancé de quelques pas. Si un lion des cavernes était arrivé à ce moment-là, il aurait pu l'avaler d'un coup. Le Cromagnonnet ne s'en serait même pas aperçu.

Il s'est approché encore, il s'est accroupi et il a

trempé la main dans l'eau. Comme pour s'assurer que c'était bien de l'eau. Après, il s'est tourné vers moi et il a fait :

— Hoc !

Ce qui voulait dire : « Jamais je n'aurais imaginé quelque chose d'aussi grand. »

C'est vrai que c'est impressionnant. La première fois j'avais été déçu, mais je ne devais pas l'avoir bien vue. J'étais trop préoccupé par le rhinocéros laineux pour regarder la rivière comme il l'aurait fallu. Maintenant, devant l'étonnement de Cromagnonnet, je faisais le blasé, mais elle me semblait terriblement grande, à moi aussi. Elle coule très vite dans la forêt. Je ne sais pas où va toute cette eau, mais, ce que je sais, c'est qu'elle est pressée d'y aller. Elle saute, elle tourne, elle se tord... Rien à voir avec le ruisseau. Il est tranquille, lui, avec son sable au fond, et ses rochers couverts de mousse, et ses cailloux ronds ! Le fond de la rivière, va donc savoir comment il est ! On dit que les hommes qui sont tombés dedans ne sont jamais revenus. La rivière les a mangés.

Comme aucun de nous deux n'avait envie de plonger dans les tourbillons, nous avons cherché une de ces petites mares qu'il y a parfois au bord des ruisseaux et des rivières. Un coin tranquille où l'eau dort sous les branches, à l'abri du courant, tout unie et toute calme. Et pas profonde. Nous l'avons trouvé.

Cromagnonnet a enlevé sa peau de lapin, qui est si petite qu'elle ne croise que couci-couça sur ses reins. Moi, j'ai enlevé ma peau de lièvre (j'attends toujours que maman ait cousu la fourrure d'ourson de Cromat) et nous sommes entrés dans l'eau.

Pas chaude, chaude, hein ! Il ne fallait pas s'y jeter d'un coup pour ne pas effrayer les poissons. Cette eau qui montait doucement sur le ventre, sur les épaules..., gla ! gla !

Je n'ai jamais su attraper un poisson à la main. Au milieu de l'eau, pas question. Ils ne t'attendent pas, tu le comprends. Au bord... Depuis que j'ai enfoncé le bras dans un trou et qu'un rat m'a mordu, je n'ose plus. C'est embêtant de ne pas voir où l'on met les doigts.

Je faisais semblant de fouiller les trous, mais, comme je les choisissais au ras de l'eau parce que ainsi je pouvais me rendre compte à peu près de ce qu'il y avait dedans, je ne risquais pas d'attraper beaucoup de poissons. J'écartais les herbes. De temps en temps, je disais à Cromagnonnet :

— J'en vois un ! Zut ! Je l'ai manqué d'un rien !

Lui, qu'est-ce qu'il en attrapait ! Il plongeait, on voyait un pied sortir de l'eau, un bout de son dos... Enfin, je m'entends... Et puis il se redressait et, hop ! il lançait sur l'herbe un poisson qui se mettait à sauter.

— C'est pas des saumons !

— Les saumons, ils sont dans le courant. Faudra s'avancer et on les aura avec les harpons.

Nous nous sommes avancés. Ça, oui, nous nous sommes avancés et ce n'est pas ce que nous avons fait de mieux. J'avais vu un tronc d'arbre couché dans l'eau. Il était immobile et si gros qu'on pouvait marcher dessus. Nous sommes allés jusqu'au bout, là où commençait le courant.

Tu sais comment on pêche le saumon. On surveille son passage, quand il lutte contre les tourbillons pour remonter la rivière, et, quand on le voit à fleur d'eau, on le traverse avec un harpon.

C'est ce que j'avais entendu dire et c'est aussi ce que je n'avais jamais fait.

Des saumons, il n'en passe pas souvent à fleur d'eau. Quand les hommes racontent leur pêche, dans la caverne, on dirait qu'ils ont vu des saumons comme on voit des mouches. Pense donc ! Ce qu'on a pu attendre, Cromagnonnet et moi !

Au moment où un saumon, un vrai, s'est mis à se promener tout près de nous, au moment où je levais le bras pour lancer le harpon, à ce moment...

J'en ai la chair de poule rien qu'en y pensant. A ce moment, je me demande pour quelle raison le tronc s'est mis à remuer, à glisser, à s'en aller... Et nous avec lui.

Nous nous sommes retournés : la berge était déjà loin. Elle défilait de plus en plus vite, jamais elle ne s'arrêtait.

Ce n'était pas la berge qui partait, c'était nous ! On n'a jamais vu des arbres se déplacer et des rochers non plus. Pas la peine d'en douter. Nous étions sur le dos de la rivière qui mange les hommes quand ils tombent dedans.

J'avais peur. J'avais très peur. Il me semblait

que j’étais de nouveau à cet instant terrible où le marais avait voulu m’avaler. Le brave vieux tronc avait l’air solide, mais nous porterait-il longtemps ? Est-ce qu’il n’allait pas se fatiguer ? Même si nous ne sommes pas lourds, Cromagnonnet et moi...

Cromagnonnet ne disait rien. Il se tenait agrippé à l’écorce, les yeux sortis de la tête à force de regarder le moindre mouvement du tronc pour essayer de ne pas tomber à l’eau.

Nous avons mis un temps fou à nous asseoir. A chaque remous, la rivière nous tirait à elle. Elle nous faisait tourner, tourner tellement que la forêt chavirait devant nous. Et puis on repartait, quelquefois à reculons ; on tournait de nouveau.

Nous sommes entrés dans un pays effrayant. Rien que l’eau et, de chaque côté, des falaises si hautes, si hautes que je n’osais pas lever la tête pour voir jusqu’où elles montaient. L’eau se faisait plus méchante. Elle courait plus vite. Je me disais :

« C’est ici qu’elle va nous avaler. »

Elle ne l’a pas fait. Elle nous a laissés sortir des falaises. Nous sommes arrivés à un endroit plus calme. Sur une berge, il y avait une prairie avec des bouquets d'arbres ; sur l'autre, la forêt était épaisse comme autour de notre grotte.

Tout à coup, Cromagnonnet a fait :

— Hoo !

Il a voulu lever le bras et me montrer du doigt ce qu'il avait vu. Le tronc a tourné. Nous nous sommes retenus à temps, je me demande encore comment.

Devant nous, un mégacéros traversait la rivière et la rivière ne le mangeait pas puisqu'on voyait encore sa tête et ses bois. Tu connais les bois du mégacéros, ils sont immenses. Le cerf avait du mal à lutter contre le courant, et pourtant il ne se laissait pas emporter comme nous. Je ne sais pas comment il faisait, mais il avançait, il avançait. L'eau finissait par lui obéir, elle s'ouvrait de chaque côté de son cou. Il savait bien tenir dessus, ma parole !

Je croyais qu'il n'y avait que certains oiseaux qui réussissaient à avancer sur l'eau, les rats aussi et quelques autres petites bêtes qu'on trouve au bord des ruisseaux. Pourquoi nous ne savons pas et pourquoi lui sait ? Sans doute un truc à trouver. Faudra que j'essaie. Pas maintenant. Plus tard.

Le cerf géant devait avoir déjà traversé la rivière à cet endroit. Le courant le poussait vers le bord et il avait l'art de s'en servir. Nous l'avons vu sortir de l'eau. Il s'est secoué et puis il est parti dans la forêt. Ses bois étaient si grands qu'il les cognait à tous les arbres et il s'énervait à chercher un passage entre les troncs.

Pendant ce temps, notre tronc à nous avait suivi le mégacéros. Le courant l'avait rapproché de la berge. Cromagnonnet a vu un arbre couché dans l'eau avec toutes ses branches, celui-là, et toutes ses feuilles. Il a fait :

— Rack !

Traduis par : « On s'accroche au passage. »

On s'est accrochés. C'est-à-dire que je me suis mal accroché et que j'ai pu commencer mes exercices pour apprendre à tenir sur l'eau comme le cerf géant. Je n'ai attrapé que la plus petite branche. Elle a tenu bon et moi aussi. Heureusement parce que, si elle n'avait pas tenu bon, je ne serais pas ici à te raconter mon histoire.

— Tu verras que, quand on la racontera, ils ne

voudront pas nous croire, m'a dit Cromagnonnet, une fois sur la berge.

— Sûr !

Nous sautions d'un pied sur l'autre. Nous étions bleus de froid (de peur aussi) et ce n'était pas un pâle soleil qui allait nous réchauffer.

— Tu ne crois pas qu'on pourrait recommencer ?

Recommencer ! Il est fou, Cromagnonnet !

— On pourrait aller très loin, qu'il m'a dit encore.

— Mais je ne veux pas aller très loin ! Je veux retourner à la caverne. Je m'en moque, du poisson, moi ! Je n'en ai que faire, du poisson ! Et d'ailleurs, le poisson, j'aime pas !

Je disais n'importe quoi. Je la trouvais tellement bête, cette idée de retourner sur la rivière ! On voit que Cromagnonnet n'a jamais été avalé par le marais comme moi.

Tu crois que ça l'a arrêté ? Il en parlait encore en cueillant des baies rouges si bonnes, si bonnes qu'elles étaient douces comme une caresse de maman quand elles entraient dans le corps. Bon, je suis de ton avis : je m'exprime mal. Les caresses n'entrent pas dans le corps. Encore que, moi, j'ai l'impression que ça me fait plein de chaud en dedans quand ma maman me caresse. Je dis ça parce que, même si j'ai participé à la chasse au rhinocéros laineux, même si j'ai sauté le ruisseau pour voir ce qu'il y avait de l'autre côté et même si j'ai vaincu la grande rivière, j'aurais aimé être dans la caverne à ce moment-là, entre mon papa perdu dans ses dessins et ma maman qui se demande toujours ce qu'on va bien pouvoir manger. Oh ! oui, alors, tu peux le croire !

Il rêvait, Cromagnonnet, la bouche pleine de fruits.

— Tu n'aimerais pas savoir jusqu'où va la rivière ? Si elle ne nous a pas avalés, c'est qu'elle n'a pas pu. Le tronc a été plus fort qu'elle. C'est comme si on avait fait une alliance avec lui contre la rivière...

Il avait raison. C'est sûr, il avait raison, mais je ne voulais pas l'écouter. Je lui ai répondu :

— Mange et puis nous retournerons à la caverne.

— Cette alliance, on pourrait la refaire.

— Tais-toi, je te dis !

Nous avons marché sur la berge. Longtemps. Elle nous avait emportés loin, la rivière. Le mieux était de la suivre jusqu'à nos poissons et nos fourrures restés dans l'herbe. Nous tremblions de froid, tu penses, nus comme nous étions. Il faisait gris, puis gris sombre, puis presque noir.

Cromagnonnet n'avait plus envie de savoir où allait la rivière. La nuit était tombée et nous étions perdus dans les bois. Dans les bois avec tout ce qui rôde, la nuit... Tu te rends compte ?

Non, tu ne peux pas te rendre compte.

Quand la nuit vient, on allume des feux pour chasser l'obscurité, on roule des rochers à l'entrée de la caverne, on parle plus bas et même pas du tout. On se serre les uns contre les autres pour se protéger du froid et aussi de la peur. C'est bon, la chaleur du feu, l'abri des fourrures.

Cromagnonnet et moi, nous étions perdus. Sans parents, sans caverne, sans feu et sans fourrures.

— Faut faire quelque chose, a dit Cromagnonnet.

— Faut faire quelque chose, que j'ai répété.

Les parents, si on voulait les retrouver, fallait faire quelque chose, en effet.

La caverne : on a cherché un creux de rocher. Une fente étroite dans laquelle on s'est glissés.

Le feu, impossible. Il a bien fallu s'en passer. Faut être une grande personne ou presque pour tirer du feu des pierres ou des morceaux de bois.

Les fourrures, on les a remplacées par un grand tas de feuilles mortes. On s'est couchés en rond en se tenant bien serrés pour avoir plus chaud et on n'a plus dit un mot jusqu'au moment où on a cessé de trembler.

— Tu dors ? m'a demandé doucement Cromagnonnet.

— Non.

— Si nous avions accosté de l'autre côté, avec le tronc, jamais plus nous n'aurions retrouvé la caverne.

Cette idée m'a fait si peur que je suis dégoûté du poisson.

Pour toujours !

CHAPITRE IX

CROQUETTE

Je ne t'ai pas encore parlé de Croquette. Je me sens tout bête au moment de t'en parler. Je ne sais comment m'y prendre.

Croquette... Oh ! que c'est difficile !

Et puis, zut ! Je te dirai les choses comme elles me viendront.

D'abord, Croquette, je n'avais pas fait attention à elle. Elle était toujours accrochée à la peau de loup de sa mère, un doigt dans le nez et les cheveux sur les yeux. Chaque fois que je la rencontrais, elle me tirait la langue et puis elle faisait semblant de pleurer en disant qu'elle avait peur de mes grimaces.

Une peste.

Moi, je préférais me rouler dans l'herbe avec Cromagnonnet en le bourrant de coups de poing. Je me moquais bien de Croquette et de ses pleurnicheries. Les filles, je trouvais ça idiot.

Je ne sais pas ce qui s'est passé, mais on dirait qu'il y a un changement depuis que, Cromagnonnet et moi, nous avons vaincu la grande rivière ensemble. Je ne suis plus le même. Nous avons passé une nuit dans la forêt et une autre encore avant de retrouver la caverne. La caverne retrouvée, les taloches reçues plus qu'il n'en fallait pour nous apprendre à ne pas nous éloigner du clan, rien n'est comme avant.

J'ai beaucoup moins envie de me rouler dans l'herbe avec Cromagnonnet, de me disputer pour un oui, pour un non. Je me suis aperçu tout à coup que Croquette devient mignonne.

Son petit nez relevé n'est plus couvert de poussière. Ses joues, je me demande par quel moyen, ne sont plus aussi brunes. Maintenant, elles sont si roses, ses joues, si douces à voir qu'on a comme envie de les manger et, l'autre jour...

Tu veux que je te raconte l'autre jour ?

J'étrennais la peau d'ourson. Elle en a mis du

temps, maman, à me la coudre ! Il faut dire que j'ai fait le difficile. Je la trouvais trop longue, trop large, trop serrée au cou, pas assez aux épaules... Maman y a perdu sa patience et toutes ses aiguilles. Enfin bref, j'avais ma peau d'ourson. J'étais drôlement content.

Tu sais que, quand on se regarde dans l'eau qui ne bouge pas, on se voit tout pareil comme les autres nous voient. Pas exactement tout pareil, parce qu'on se voit à l'envers, mais, la tête en bas ou bien en haut, une peau d'ourson est toujours une peau d'ourson : ça habille.

J'avais donc envie de me voir dans mon nouveau costume et je suis descendu au ruisseau. A l'endroit où je me suis bagarré avec Cromagnonnet, tu te souviens ?

En arrivant, qui j'aperçois ? Non, cette fois, pas Cromagnonnet. Croquette, assise sur un rocher au milieu du ruisseau. Elle était si occupée à jeter des coquelicots dans l'eau qu'elle ne m'a pas entendu venir.

Quand un coquelicot touchait la mare, il y faisait de grands ronds et l'image de Croquette se brouillait. Après, elle revenait, toute tremblante. Croquette la regardait un peu et, plouf ! un autre coquelicot.

Je trouvais Croquette si mignonne que je n'osais pas m'avancer pour lui dire bonjour. Avant la dernière pluie, je lui aurais crié :

— Salut, ma vieille !

Mais là, j'étais intimidé. Pourtant, je n'avais pas envie de partir. Quelque chose me retenait et je restais tout bête au milieu du sentier, me demandant ce que je devais faire.

J'ai cueilli une fleur, moi aussi, Je crois que c'était une marguerite. On a toujours l'air un peu balourd, les garçons, quand on cueille une fleur. Bof ! Tant pis ! J'ai enroulé sa tige autour d'un caillou et je l'ai lancée, comme les coquelicots.

Ploc !

Un cri.

Un plouf.

Croquette avait été si surprise qu'elle était tombée à l'eau. Au même endroit, Cromagnonnet s'était rattrapé à temps. Croquette, non.

Je n'ai écouté que mon courage, je me suis lancé à son secours. Il n'y avait pas de temps à perdre. Elle toussait, elle crachait, elle semblait morte de peur et prête à se noyer.

Le ruisseau, pourtant, n'est pas profond.

Je lui ai donné la main pour qu'elle remonte sur la berge. Elle avait l'air d'une pauvre petite chose et je me demande encore si c'était l'eau de ses yeux ou l'eau du ruisseau qui coulait sur son visage. Moi, de la voir comme ça, si misérable avec ses longs cheveux mouillés, j'ai senti un grand chaud dans ma poitrine et j'ai posé mes lèvres sur sa joue.

C'était plus doux que le plus doux pétale de coquelicot.

— Pardonne-moi, Croquette, je voulais m'amuser.

Elle a pris un air mécontent et elle m'a dit :

— C'est malin ! Regarde comment je suis, maintenant.

Sa fourrure de lapin était dans un drôle d'état, en effet. Les poils tout collés, tout tristes, avec des plaques de boue qui commençaient à sécher.

— Je t'en donnerai une autre, tu verras. J'irai tuer des lièvres quand ils seront blancs, à l'époque des neiges. Je mettrai un collet au trou d'un renard roux... Tiens, en attendant, prends ma peau d'ourson.

Déjà je faisais le geste de l'enlever...

— Non ! Non !

Elle était plus rouge que ses coquelicots.

— Comme tu voudras. Je ne voulais pas te faire tomber à l'eau, tu sais. Pardonne-moi.

Elle a relevé la tête. Elle a froncé le nez en reniflant, elle l'a frotté du bout des doigts. Elle m'a regardé... J'ai cru que j'allais recevoir une claque, comme avec maman quand elle est en colère.

— Pour que je te pardonne, va me chercher ça.

Elle a tendu le bras. J'ai levé la tête pour voir vers quoi son doigt était pointé. Il indiquait la falaise, et plus particulièrement le haut.

— Quoi, ça ?

— La branche fleurie. Tu ne la vois pas ?

Je la voyais. Si haute et surplombant le vide que j'en ai eu le frisson.

— Tu ne veux pas que je monte...

— Et toi, tu veux que je te pardonne ?

Ses cheveux étaient presque secs, ses yeux sombres. Les larmes, sur ses joues — ou bien l'eau du ruisseau — avaient laissé des traces brillantes.

Qu'est-ce que tu aurais fait, à ma place ?

— C'est bon, j'y vais.

Pour te faire comprendre dans quelle situation je me trouvais, il faut que je te décrive la falaise. Des rochers à pic au-dessus du ruisseau ; des arbres qui tiennent on ne sait pas comment, qui s'enchevêtrent, si épais, si nombreux qu'ils font comme une grande fourrure sur la muraille. Avec cela, des ronces, des broussailles et pas le plus petit chemin.

— Tu es sûre que tu ne préfères pas des iris ?

— Oui.

— Bien.

Je me suis levé. Lentement. Je suis entré dans le ruisseau. Encore plus lentement. Je faisais semblant de chercher un passage pas trop profond pour traverser. J'espérais toujours qu'elle allait me rappeler, me dire que ce n'était pas la peine. Des fleurs, il y en avait partout autour d'elle. Pourquoi cette branche où, seuls, allaient se poser les oiseaux ?

— Pourquoi veux-tu justement ces fleurs ?

— Parce que.

On n'est pas plus clair. Il me fallait grimper.

Elle m'a laissé grimper. D'abord, je devais me débrouiller avec les ronces. Et quelles ronces ! Elles sortent des fentes de rochers et lancent des tiges dans tous les sens. Va te glisser au milieu de leurs épines, tu m'en diras des nouvelles.

J'ai passé les ronces. Avec une griffure sur le nez et une autre en travers de la joue. De temps en temps, je criais :

— Ouille ! Ouille ! Ouille ! Ça pique drôlement !

Pas de réponse : je me suis accroché aux feuillages. Des feuillages maigrichons qui poussent là on se demande pourquoi. Pas solides du tout. Je mettais le pied sur une branche en croyant qu'elle allait me porter et, crac ! j'avais juste le temps de me rattraper à une autre. Je commençais à suer à grosses gouttes, d'autant plus que je prenais de la hauteur, mine de rien.

Tu te représentes le plongeon que je risquais ! Quelle tête elle aurait faite, Croquette, si elle m'avait vu mort sur un rocher au milieu du ruisseau, hein ? Elle aurait pleuré, bien sûr, mais à quoi ça aurait servi, je te le demande !

A certains moments, j'aurais voulu tomber, si j'avais été sûr de ne pas me faire trop mal, rien que pour voir pleurer Croquette. Mais ce n'était qu'une idée comme ça.

J'ai passé les feuillages. Pas plus égratigné mais bien content d'en sortir.

Au-dessus de ma tête se dressait une paroi presque lisse. Elle n'était pas très haute, c'est vrai, mais je n'allais pas la franchir sans mal. Il y avait de la mousse, elle s'arrachait sous mes ongles. Il y avait des trous dans le rocher, des fissures aussi : je pouvais à peine y enfoncer mes doigts et mes orteils.

« Les mains et un pied. Les pieds et une main. Tu fais bien attention ! » que je me répétais pour essayer d'oublier ma frousse.

J'ai passé les rochers. Avec juste un genou écorché.

Et je montais encore. Quand je me retournais pour voir si Croquette ne me faisait pas un geste, elle ne bougeait pas. Le visage levé vers moi, elle surveillait mon ascension, sans un signe d'encouragement.

De là-haut, elle était si jolie, au milieu des coquelicots !

Je me disais :

« Tu as commencé, Petit Cro-Magnon, il faut finir. »

Et je montais toujours. Mais je ne me retournais plus. J'étais si haut maintenant que, si j'avais le malheur de regarder au-dessous de moi, je voyais tourner le ruisseau, et la forêt, et Croquette, et les coquelicots.

C'était atroce.

Par bonheur, je suis arrivé à une partie boisée, moins verticale. Le plus dangereux était passé. Partout, des arbres emmêlés, des lianes, des broussailles. Facile ! Je ne voyais plus Croquette, je continuais de grimper, je continuais...

Jusqu'à ce que je sois sous la branche. Elle était très belle, c'est vrai, et elle sentait le miel, toute couverte de fleurs blanches. Elle a craqué dans ma main avec une neige de pétales.

Une autre a craqué aussi, sous mon pied.

Quelle dégringolade ! Une de plus, tu vas penser. Eh bien, oui, une de plus ! Mais, aussi, sais-tu ce qu'est la vie d'un garçon de Cro-Magnon ? Est-ce que tu te rends compte que chaque pas qu'il fait dans la forêt peut devenir pour lui une aventure terrible ? Que, chaque fois que le jour se lève, il n'est pas sûr de le voir s'achever, et que demain est un mot qui n'existe pas dans le langage du clan ?

Une dégringolade de plus, oui, et pas pour manger, pas pour boire, pas pour sauver ma vie. Pour une branche de fleurs que Croquette m'avait demandée.

Ça, je crois que c'est nouveau. Je n'en ai jamais entendu parler dans la caverne. Mais peut-être que je crois que c'est nouveau et que je me trompe, et que d'autres avant moi, sans rien en dire, ont cueilli des fleurs blanches à Cro-Magnon.

Bon, je m'égare... Donc, j'ai dégringolé, rebondi sur un rocher, troué des buissons, roulé sur la pente. De temps en temps, une branche me freinait sans pour autant m'arrêter.

Ma chute s'est terminée sur un rebord au-dessus de la falaise à pic. Je suis tombé au beau milieu d'une motte d'herbe fraîche.

J'ai fait « boum » et je me suis arrêté.

Devant moi, voilée de feuillage, l'entrée d'une grotte. Je ne rêvais pas, une grotte, vraiment !

Tout lentement, tout doucement, je me suis levé. Ce n'était pas le moment d'avoir des gestes brusques avec tout ce vide au-dessous de moi. J'ai écarté les branches et je suis entré dans la plus belle grotte que tu puisses imaginer.

Sans odeur inquiétante.

Tapissée de mousse, avec une source et des touffes de menthe.

CHAPITRE X

LA GROTTE DE NOS RÊVES

J'avais donc raison : la falaise cachait une grotte. Et quelle grotte ! Tu n'aimes peut-être pas les descriptions, mais il faut que je te dise comment elle est.

Tu te souviens – si tu ne te souviens pas, va voir au début de ce que je t'ai raconté, tu sais, le jour où je t'ai fait les présentations – tu te souviens donc que je voulais un rideau de feuillage pour que le vent d'été passe à travers, le matin. Eh bien, la grotte a un rideau de feuillage. Des feuilles fines qui font des dessins avec le soleil sur le sable. Car le sol est recouvert de sable, comme je le voulais.

Et puis il y a la source au milieu des touffes de

menthe. Si je continue à la manger comme je le fais, la menthe, il n'y en aura bientôt plus. La menthe, c'est ma gourmandise. Essaie, tu verras : tu mâches quelques feuilles et puis, vite, tu bois une gorgée d'eau. Un régal. Mais il faut que l'eau soit bien fraîche.

L'eau de notre source est fraîche et notre mousse est si verte que c'est un plaisir de s'asseoir dessus. (Oui, je sais à quoi tu penses : surtout après une fessée.)

Je dis notre source, notre mousse, notre grotte aussi. « Notre », c'est un petit mot nouveau pour papa, pour maman et pour moi. Tant que nous vivions au milieu des autres, nous disions le clan, la caverne. Le mot « notre » est né le jour où nous nous sommes installés ici.

Non, non ! Ne crois pas que nous nous soyons séparés de la tribu. Ce ne serait pas possible par les temps que nous vivons. Je te l'ai déjà dit, nous serions attaqués, dévorés ou je ne sais quoi encore. Notre grotte est tout près de la caverne.

Le plus difficile, c'est pour y arriver. Il faut s'avancer au bord du vide, sans beaucoup de branches pour s'accrocher. A un endroit, même, il n'y en a pas du tout. Bientôt, quand nous serons passés souvent, un sentier montera jusqu'à la grotte. Ça ne saurait tarder, d'ailleurs, car, depuis que nous l'habitons, nous recevons toutes sortes de visites. Les femmes du clan font semblant de se promener de ce côté, de ramasser du bois mort, et elles s'arrêtent, comme par hasard.

— Bonjour, qu'elles disent à maman. Comment vas-tu depuis que tu as quitté la caverne ?

En réalité, elles sont rongées de curiosité. Elles veulent savoir de quelle façon nous sommes installés, si nous avons des peaux neuves et aussi ce qui cuit sur nos braises. Tout en parlant, elles jettent des regards dans les coins.

Maman n'est pas mécontente de les sentir jalouses.

— C'est ton petit qui l'a trouvée ? Il y a des gens qui ont de la chance !

— Ce n'est pas mon Cro-Magnonus qui se débrouillerait aussi bien !

— Tu n'as pas peur, si haut ? Moi, j'ai la tête qui tourne quand je regarde en bas !

— Tu n'as pas peur, si loin ? Moi, je ne serais pas tranquille, à ta place !

Maman les laisse dire. Elle leur montre les belles pierres plates de notre foyer, le sable bien nettoyé, le bassin de la source où l'eau est claire comme celle des yeux...

Papa, lui, est merveilleusement heureux. Pense donc : toutes ces parois avec encore rien dessus ! Il a déjà commencé une composition de bisons broutant et il m'a laissé un rocher assez plat au-dessus de la peau d'ours sur laquelle je dors.

— C'est ton coin, Petit Cro-Magnon, tu pourras le décorer comme tu voudras.

— Avec tout ce que je voudrai ?

— Avec tout ce que tu voudras.

Maman n'était pas vraiment, vraiment d'accord. Elle connaît mon goût pour les mâchoires de rat, les sabots de renne et les cailloux blancs.

— Sans exagérer, quand même !

Et elle a souri. Maman et papa, depuis qu'ils habitent notre grotte, sont plus doux. Souvent, je les vois rire ensemble et bavarder comme jamais je ne les avais vus. Tu penses si je suis content !

Quand je serai grand comme papa, je chercherai une autre grotte avec une source au milieu des touffes de menthe, et je demanderai à Croquette d'y vivre avec moi. Nous aussi nous rirons ensemble et nous bavarderons.

Il ne faut pas s'imaginer pourtant que nous n'avons plus aucun souci. Non, tout de même pas ! Tiens, par exemple, hier, nous venions d'achever une salade de cresson... Eh oui, bien sûr, du cresson ! Les chasseurs, en ce moment, n'ont pas besoin des dessins de papa. Ils le lui ont dit :

— Le gibier se fait rare.

— Faudra bouger.

— Les temps sont durs. Juste un lapin !

L'ennui, c'est que le cresson aussi commence à se faire rare.

Maman grignotait ses feuilles d'un air rêveur ; papa cherchait les siennes à tâtons, occupé qu'il était à regarder le bison du matin sur la muraille. Maman a dit :

— Il faudrait une peau de vache pour fermer l'entrée. On mettrait des troncs d'arbres entrecroisés et on ferait tenir la peau avec des pierres. La nuit, les bêtes ne passeraient pas et le froid non plus. Évidemment, pour une ouverture aussi grande...

Papa n'entendait pas ou faisait semblant de ne pas entendre. Des vaches peintes, il t'en donnera tant que tu en voudras, mais des vaches à manger, avec une peau assez grande pour fermer la grotte, c'est une autre histoire.

Moi, des peaux de vache de cette dimension, je n'en connaissais qu'une : celle du Grand Chef, posée sur un rocher dans la caverne.

« Le Grand Chef aura moins l'air d'un grand chef s'il n'est plus assis sur la peau de la vache quand il décidera des chasses et des migrations. Une si belle peau ! Jamais il ne voudra me la donner. »

Voilà ce que je me disais en mâchant mon cresson. A la dernière feuille, ma décision était prise :

« Petit Cro-Magnon, tu auras sa peau ! »

Oh ! mais, j'y pense tout à coup ! Tu dois te demander pourquoi le Grand Chef, qui aime tant les grottes secondaires, n'a pas jugé que la nôtre lui était indispensable.

A cause du sentier. Il est monté tant qu'il a été à

l'abri des branches et des troncs. Quand il a vu le passage si étroit au-dessus du vide, avec rien pour s'accrocher, il n'est pas allé plus loin. Il a fait celui qui réfléchit, puis il a dit à papa :

— Je te la laisse. Remercie-moi. Elle a l'air belle, cette grotte, vue d'ici.

On ne la voyait pas de l'endroit où il était. Je reconnais bien là le Chef !

Je ne pouvais pas compter sur sa générosité pour obtenir aussi la peau de vache, mais je pouvais compter sur sa vanité. J'en ai parlé à Croquette.

Croquette et moi, nous sommes ami-ami. Il paraît qu'après m'avoir vu tomber de la falaise, elle est remontée à la caverne en pleurant. Elle pleurait ! Elle pleurait ! Elle sanglotait tellement que personne n'arrivait à la consoler. Elle était si malheureuse, si malheu...

Oui, bon ! Je vois à ton nez que tu en doutes. Moi, ce que je te dis, c'est ce qu'on m'a raconté. Enfin, ce que j'ai cru comprendre...

Croquette et moi, donc, nous nous sommes assis sur notre rocher au milieu du ruisseau. Oui, c'est « notre » rocher aussi. C'est fou tout ce qui est à nous depuis quelque temps. Je me demande si cela ne va pas nous compliquer l'existence. Pour l'instant, c'est bien agréable. On verra par la suite. Bref, nous étions à réfléchir sur notre rocher. J'avais les pieds dans l'eau et un rayon de soleil dans l'œil. J'étais bien. J'étais avec Croquette.

Elle se tenait accroupie en haut du rocher et, peut-être pour mieux réfléchir, elle entortillait ses longs cheveux autour de ses doigts.

— Une peau aussi grande ! Jamais il ne voudra nous la donner. Tu parles, c'est la peau de la vache géante que les hommes ont poursuivie si longtemps que le jour et la nuit sont revenus plusieurs fois avant qu'ils ne la tuent.

Je contemplais mes orteils sur le sable, à travers l'eau, mais la solution n'était pas au fond du ruisseau.

Où était la solution ?

Tout à coup, Croquette s'est exclamée :

— Regarde ce que j'ai fait !

— C'est joli, que je lui ai répondu.

— Pas seulement joli. Si je fais la même chose de l'autre côté et si je les mets l'un près de l'autre...

Croquette avait entortillé ses cheveux de telle façon qu'ils formaient une sorte de queue, et les deux queues rapprochées composaient une queue plus large, et si on en avait eu d'autres...

— Jamais nous n'aurons assez de cheveux !

— C'est vrai, mais on peut remplacer les cheveux par autre chose.

— Des herbes !

— Des roseaux !

— Ou bien des joncs ! Comment tu t'y es prise ?

— Ben, j'ai fait une mèche, puis une autre, puis encore une autre. Et puis j'ai fait comme ça.

Sous les doigts de Croquette naissait un serpent de cheveux.

— Ne le défais pas, surtout ! Jamais nous ne le retrouverions ! Attends, laisse-moi essayer. Comme ça...

— Comme ça...

— Comme ça.

J'ai pris des herbes et le même petit serpent est né sous mes doigts.

J'ai pris des joncs et le serpent de nouveau s'est formé.

J'ai pris des feuilles de roseau et j'ai fait un serpent beaucoup plus beau encore.

— Ces serpents de roseau, Croquette, attachés les uns à côté des autres, avec des lianes par exemple... Si on essayait pour voir ce que ça donne ?

Nous avons travaillé tant qu'il y a eu du jour. Nous en avons fait, des serpents ! Des longs, des courts ! Les roseaux ne manquent pas au bord du ruisseau.

A la nuit, j'ai caché notre secret dans un trou de la falaise et, dès que la lumière est revenue, nous y sommes retournés. Ils étaient beaux, nos serpents ! Plus fragiles à mesure qu'ils séchaient mais beaux encore plus.

— Ils n'ont pas l'air très solides.

— On devrait serrer davantage les feuilles, tu ne trouves pas ?

Et nous faisions des progrès ! Je sais que maintenant vous appelez nos serpents des tresses, mais vous ne saviez pas, vous, que les premières tresses, c'est Croquette qui les a inventées.

Avec des feuilles de roseau, nous avons attaché les tresses côte à côte. Il faut que les feuilles soient encore souples, sinon elles cassent. Rien qu'avec nos doigts et des plantes, nous avons construit une peau plus grande que celle de la vache géante.

— Tu te rends compte, Croquette ? Nous n'aurons plus autant besoin de courir après le gibier pour nous protéger du froid.

Croquette souriait gentiment et elle rêvait. Elle m'a dit :

— Peut-être qu'il y a quelque part mieux que des roseaux... D'autres plantes plus souples que nous pourrions transformer...

— Je ne sais pas. Mais, c'est vrai, nous avons transformé les feuilles de roseau. Il y a les feuilles de roseau qu'on coupe et qu'on met en tas pour dormir dessus et puis les feuilles de roseau tellement transformées qu'elles ne ressemblent plus à des feuilles de roseau.

Nous étions heureux et nous parlions, nous parlions !... Nous jouions avec ce mot que personne, avant nous, n'avait prononcé : « transformer ». Et la peau, toujours, devenait plus grande.

— C'est assez maintenant. Nous allons la montrer au Chef.

— Tu crois qu'il voudra l'échanger contre la peau de la vache ?

— Faudra voir.

Il fallait d'abord la transporter. Chaque fois que nous la soulevions, c'étaient des craquements épouvantables.

— Elle va casser !

— Attention !

— Pas si fort !

Nos bras étaient trop courts pour saisir les deux bouts. Nous étions trop petits pour l'empêcher de traîner. Je me suis glissé dessous et je me suis relevé en espérant la porter sur la tête. Elle est retombée comme aurait fait une véritable peau. Aussi souple.

— Si on la roulait ? m'a dit Croquette.

Elle s'est laissé rouler. Elle nous obéissait. Merveilleux ! C'était merveilleux !

Quand nous l'avons déroulée aux pieds du Grand Chef, tout le clan nous a entourés. Il y a eu des rires un peu bêtes, mais plus encore des cris d'admiration. Les femmes, surtout, étaient intéressées. Elles voulaient toucher. Déjà elles commençaient à tirer dans tous les sens et à se chamailler. Si je ne les avais pas arrêtées, elles nous auraient déchiqueté notre peau de roseau en un rien de temps.

— Ne touchez pas ! que j'ai crié. Seul le Grand Chef a le droit !

Ça lui a plu, au Grand Chef. Il s'est levé lentement, comme s'il était fatigué. Avec lui, on ne sait jamais s'il est fatigué ou s'il fait semblant. Il s'est approché.

— Regarde, Grand Chef, ce que nous avons transformé pour toi ! Des roseaux. Même si l'esprit de la chasse ne nous est pas favorable, tu pourras avoir de grandes peaux.

Je me suis arrêté pour réfléchir à la suite et aussi pour reprendre mon souffle.

— Transformé ?

Il ne savait pas ce mot, le Grand Chef. Transformer ? Qu'est-ce que cela voulait dire, transformer ?

Il a regardé le tressage. Comme il n'y comprenait rien, il a fait celui qui s'y entend. Je l'ai vu retourner la peau de roseau avec ses grosses pattes maladroites. Il l'observait, la tâtait. Les feuilles craquaient sous ses doigts.

— J'accepte, qu'il m'a dit.

Cela ne faisait pas mon affaire. Qu'il accepte, je n'en avais pas douté, il accepte toujours ce qu'on lui donne. Je voulais qu'il l'échange et non pas qu'il l'accepte !

— Tu as remarqué, Grand Chef, que cette peau sèche sans qu'on s'en occupe et que les vers ne s'y mettent pas ?

Croquette, pendant ce temps, s'était agenouillée et elle soulevait un coin de la peau de la vache.

— Regarde, ce n'est pas comme celle-ci. Il y a

des vers partout. C'est dégoûtant. Tu devrais la jeter. Elle est à peine bonne pour un de tes misérables sujets. Demande à Petit Cro-Magnon de t'en débarrasser.

— Tout de suite, Grand Chef ! que j'ai dit sans attendre la réponse. Je t'en débarrasse tout de suite !

Pour détourner l'attention, Croquette s'est mise à montrer au clan comment on natte les cheveux. Moi, j'ai pris à pleins bras la peau de la vache géante et j'ai couru à notre grotte, comme j'ai pu, aussi vite que j'ai pu.

Elle a quelques vers, c'est vrai, mais elle bouche si bien l'entrée que c'est la nuit quand on veut, chez nous.

Ni les bêtes ni le froid ne peuvent la traverser.

Maman est contente. Papa ne dit rien, il a l'esprit ailleurs. Il vient de commencer des femmes d'argile, toutes rondes, toutes petites, et il ne pense qu'à elles. Il dit qu'elles ressemblent à maman.

Moi, je ne trouve pas. Maman est plus jolie.

CHAPITRE XI

MON RÊVE DANS LA GROTTE

La première nuit que nous avons passée chez nous, j'ai fait un rêve. Si beau qu'il faut que je te le raconte. Je le dessinerai peut-être à l'endroit que m'a laissé papa. Mais comment dessiner un rêve si beau ?

La lune brillait. Dans la nuit véritable et aussi dans mon rêve. Sans doute qu'un rayon de lune me tapait dans l'œil pendant que je dormais. Nous n'avions pas encore la peau de la vache géante ; de l'endroit où j'étais, je pouvais voir le ciel et toutes ses étoiles. Mais aucune importance ! Nous ne sommes pas ici pour expliquer les rêves.

Je marchais au bord de la rivière. J'y pense souvent, à la rivière qui a failli nous manger, Cromagnonnet et moi. J'ai essayé de me tenir sur l'eau, qu'est-ce que j'ai bu ! Et c'était dans le ruisseau, où on peut toujours poser un pied. Je m'enfonce bien jusqu'à la tête, comme le cerf, mais, après, ma tête s'enfonce aussi. Comprends pas !

Bon ! Encore une fois, je parle d'un tas de choses en même temps. Tu dois te dire :

— Quel bavard, ce petit Cro-Magnon !

Eh bien, dans mon rêve, je ne disais rien. Pardi, tiens, j'étais seul ! La rivière coulait vite, comme entre les falaises, et je ne l'entendais pas. En d'autres endroits, elle glissait sous une lumière pâle, un peu bleue. Dans le ciel, le vent poussait des nuages et, quelquefois, les nuages cachaient la lune. Pourtant, moi, je ne sentais pas le vent. On aurait dit qu'il passait très haut au-dessus de ma tête. Les arbres remuaient leurs branches et je ne les entendais pas non plus.

Je marchais. Sans regarder derrière moi. Sans avoir peur. Je suivais la rivière. Le pays était désert ; je ne rencontrais rien. Pas une bête, pas un homme. Il me semble que je m'éloignais du clan.

Je suis arrivé à une prairie où étaient des chevaux. D'habitude, quand l'homme paraît, un cheval lève la tête, reconnaît le danger et s'enfuit avec tout le troupeau derrière lui.

Un cheval, plus grand, plus beau que les autres, a levé la tête pour voir qui venait. Sa crinière flottait au vent, sa queue aussi. Il ne s'est pas enfui. Je me suis immobilisé, je craignais tant de l'effrayer !

Il s'est détaché du troupeau, sans plus hésiter. Il s'est approché, comme si, tous les deux, nous avions eu un incroyable rendez-vous. Ses sabots ne faisaient aucun bruit dans l'herbe de mon rêve.

A quelques pas de moi, il s'est arrêté. Il paraissait noir sous la lumière de la lune. Noir, mais pas effrayant. J'ai tendu la main, il a tendu le cou. Un espace très court nous séparait encore... Sûr que, si je faisais un mouvement, il allait prendre peur ! Je n'osais pas bouger, il ne manquait qu'un pas. Un pas !

C'est lui qui l'a fait. Ses lèvres se sont posées sur ma paume. Elles étaient douces.

Un animal qui ne fuit pas l'homme, cela ne peut exister que dans un rêve, non ?

Mais laisse-moi te raconter la suite. Lentement, très lentement, j'ai caressé ses naseaux, longtemps, longtemps, et puis ma main est remontée jusqu'à son front, tu sais, là où se trouve une crinière aussi en désordre que les cheveux des garçons et qui, comme eux, tombe sur les yeux. Avec mes ongles, j'ai gratté le poil, lentement, lentement. Longtemps, longtemps. Je crois bien que je parlais, mais je ne m'entendais pas parler.

Lui avait l'air de m'entendre. Il secouait la tête et toute sa crinière volait autour de son cou. Dès qu'il s'arrêtait, ma main se posait un peu plus loin. Quand je suis arrivé à l'encolure, je l'ai entourée de mes bras.

Il m'a laissé faire.

Alors s'est produite la chose la plus extraordinaire. Quelle mouche m'a piqué, je ne sais pas, mais j'ai sauté sur son dos et nous sommes partis le long de la rivière. Moi, Petit Cro-Magnon, sur le dos de ces chevaux qui, jamais, n'ont laissé approcher un homme !

Le cheval de mon rêve allait au pas. Les autres chevaux nous suivaient.

Et puis nous avons abandonné la rive. Il faisait

plus sombre, presque tout à fait noir. Le cheval est monté sur une crête et là, sans me prévenir, il s'est cabré.

« Ça y est, que je me suis dit, il en a déjà assez de moi ! C'était trop beau pour durer ! Qu'il me laisse, s'il veut, mais qu'il ne m'envoie pas rouler je ne sais où ! »

Je me retenais à sa crinière et je le serrais fort entre mes genoux. Il ne m'a pas jeté à terre, il m'a emporté au galop à travers les prairies. Nous avons traversé des marais et l'eau giclait sous ses sabots. Nous avons rencontré des buissons et nous les avons franchis. Sur la lande, il a couru, couru, couru...

Il n'était plus un gibier que l'on chasse mais une sorte d'ami qui m'aimait.

Je suis bien réveillé, à présent, et pourtant il me reste quelque chose de mon rêve. Je crois que je ne verrai plus jamais les chevaux de la même façon.

Nous sommes arrivés sur une colline. Des aurochs broutaient. Un troupeau comme personne n'en a vu. Immense. La colline était couverte d'aurochs.

L'un d'eux a levé la tête de la même façon que le cheval. Ses cornes étaient écartées ; leurs pointes brillaient, leurs pointes terribles qui font une si grande peur aux chasseurs.

Il a mugi. Je l'ai vu tendre le mufle, mais je n'ai rien entendu, encore une fois. Il est venu jusqu'à nous ; à quelques pas, il s'est arrêté. Le cheval s'est arrêté, lui aussi, et aussi tous les autres chevaux derrière lui. Le troupeau d'aurochs ne bougeait pas plus que les peintures de papa.

Quand nous avons repris notre course, les chevaux et les aurochs mêlés nous ont suivis en silence.

Et puis nous avons rencontré les chiens. Tu ne connais pas les chiens ? Ils sont les plus terribles, peut-être, de tous les animaux. Ils ont toujours faim, ils sont toujours en bande et ils attaquent toujours. Personne n'échappe aux chiens. Ils peuvent courir pendant des jours et des nuits. Ils peuvent attendre sous un arbre ou à l'entrée d'une grotte pendant des jours et des nuits. Malheur à qui rencontre une horde de chiens ! Plus jamais il ne reviendra à la caverne. Ces bêtes-là, ça grimace tout le temps, ça a la rage aux babines et toujours ça a faim. Toujours !

Mon cheval est allé vers eux. Je serrais les genoux, tu peux me croire ! Pourtant, je n'avais pas exactement peur. Je retenais mon souffle et je sentais ces coups qu'on entend dans la poitrine, qui cognent, qui cognent tellement fort qu'ils finissent par faire mal.

Les chevaux et les aurochs avaient mystérieusement fondu dans la nuit. J'étais seul avec ma monture au milieu des chiens. Leurs dents étaient blanches, leurs yeux brillants. A part cela, ils n'étaient que des ombres.

D'habitude, les chevaux fuient les hordes de chiens. Ils savent que ce sont des bêtes à les poursuivre jusqu'à ce qu'ils s'écroulent, épuisés. Le mien, au contraire, ne semblait pas effrayé. Il s'est planté sur ses sabots et il a attendu.

Les chiens ont tourné autour de nous, dans un sens, dans l'autre. Parfois ils s'immobilisaient, une patte levée, la gueule vers les étoiles pour un hurlement. Un de ces hurlements qui n'en finissent pas. On se recroqueville sous les fourrures, la nuit, quand on les entend.

Aucun hurlement ne sortait de leur gorge.

Et puis le plus fort, le plus terrible, celui qui était le chef sans doute, s'est mis à ramper vers moi. Son ventre frôlait le sol. Sa queue battait l'herbe. Ses oreilles étaient couchées sur son cou... Je ne bougeais pas. Le cheval non plus. Tous les deux, nous attendions quelque chose d'extraordinaire.

Le chien s'est arrêté tout près des sabots. Si le cheval avait voulu, il aurait pu lui écraser le crâne. Il ne l'a pas fait. La bête terrible s'est couchée, le museau entre les pattes. Alors je me suis penché, elle m'a léché la main.

Aussitôt le cheval a repris sa course et les chiens avec lui.

Nous sommes passés dans une région montagneuse. Nous avons longé des ravins si profonds que notre falaise semble ridicule à côté d'eux...

Là, je m'embrouille un peu. Je ne me souviens pas bien du paysage, c'est mélangé dans ma tête. D'ailleurs, je me demande comment nous avancions. Il y avait des rochers qui disparaissaient dès qu'on arrivait sur eux. Pfuit ! partis ! envolés !

Dans les rêves, ce n'est pas comme quand on est réveillé.

Je savais que les bêtes nous suivaient, mais je ne me retournais pas. Je voyais des chèvres bondir sur les hauteurs et perdre toute crainte. Elles venaient se joindre à nous. Les boucs étaient les plus décidés ; ils se détachaient sur les cimes et puis ils se jetaient dans le vide pour se mêler au troupeau. Notre course continuait. Le cheval était infatigable.

Brusquement, nous nous sommes trouvés dans une prairie où poussaient des arbres. Le cheval s'est avancé jusqu'au centre : à chacun de ses pas, des oiseaux descendaient des branches. Ils nous entouraient d'un grand battement d'ailes aussi silencieux que celui des affreux rats ailés qui nous embêtent tant dans nos cavernes, mais pas dégoûtant, ça non.

C'était un nuage autour de nous, un nuage qui changeait de forme à tout moment et qui montait, et qui descendait...

Et qui ne s'est pas posé. Les oiseaux n'ont pas tous accepté le pacte. Ils se sont approchés et puis, lorsque j'ai fait un geste, ils sont remontés haut, très haut dans le ciel. J'ai remarqué une chose que je ne m'explique pas : ce sont ceux qui ont les ailes les plus courtes, ceux qui volent le moins bien qui sont restés. On aurait dit qu'ils me demandaient protection. Les autres, au dernier moment, ont préféré la liberté.

Pourtant, qu'est-ce qu'ils avaient l'air malin, les plus petits ! Ils se perchaient sur ma tête, sur mes épaules, sur le cou du cheval, entre ses deux oreilles. Au moindre mouvement, pfuit ! ils s'envolaient.

Sans aller loin.

J'ai tendu le bras pour leur montrer que je voulais être leur ami. Un oiseau, qui avait la couleur des rayons de lune, s'est posé sur mon poing.

Je ne sais pas son nom. Je l'ai vu souvent, en réalité, dans les arbres au bord du ruisseau. Il a un chant vraiment doux quand il fait beau.

Tu ne vois pas ce que je veux dire ? Dommage, j'aurais voulu apprendre comment on l'appelle. C'est un oiseau très joli, pas effrayant du tout. J'espère que vous lui avez donné un nom très joli aussi.

Tiens, quand il chante, il fait un peu comme ça :

— Rou-cou ! Rou-cou !

Tu me diras si tu l'as reconnu.

Pendant ce temps, d'autres animaux sortaient des fourrés. Tous oubliaient leur peur de l'homme et me faisaient soumission.

Pourtant, ni l'ours ni le loup ne sont venus, ni le lynx. Le cheval ne m'a pas conduit dans les forêts. On aurait dit même qu'il les évitait avec prudence.

Il t'est arrivé de rêver, sûrement. Ça n'existe pas, quelqu'un qui ne rêve jamais. Bon, alors, tu sais que, parfois, les rêves se mélangent. Tout à coup, il m'a semblé revoir le visage de Crom.

Crom. Tu te souviens de Crom ? Le tailleur de silex, celui qui disait :

— Les bêtes, faut les garder. Malheur aux hommes quand il n'y aura plus de bêtes !

Je l'ai vu, assis sur un rocher. Il ne bougeait pas, il ne disait rien. N'empêche que je l'ai reconnu. Il nous regardait...

Et le cheval s'est écarté des forêts.

De tous les animaux, le chien s'est montré le

plus affectueux. Incroyable, non ? En réalité, il épouvante tout le monde. Quand il est passé à un endroit, on y trouve des os broyés, rongés. Eh bien, là, dans mon rêve, il s'est détaché du troupeau et il s'est mis à courir près du cheval pour mieux me montrer son attachement. De temps en temps, il me lançait un regard et je comprenais ce qu'il voulait me dire :

— Moi, c'est différent, je suis ton ami.

Un choc sur le nez m'a réveillé. Une sauterelle, une vraie de vraie, qui avait bondi d'une branche sur ma figure pendant que je dormais.

Je l'ai attrapée et je l'ai croquée. Ce n'est pas très bon, les sauterelles, mais ça lui apprendra à ne pas réveiller les gens qui font des rêves intéressants !

Qu'est-ce que tu en penses, de mon rêve ? Il est trop beau pour se réaliser un jour, non ? Devenir l'allié des chevaux qui courent si vite et des grands aurochs aux cornes dressées vers le ciel, ce serait bien, tu ne crois pas ?

J'espère retrouver un autre soir, en m'endormant, le cheval qui m'a pris sur son dos et toutes les bêtes, et la chèvre qui me laissera boire son lait, et le chien qui marchera dans ma trace...

Et tant pis si ce n'est pas possible autrement qu'en dormant !

CHAPITRE XII

MON PREMIER MAMMOUTH

Il m'est arrivé, une fois de plus, une aventure qui sort de l'ordinaire. Encore plus terrible que celle de l'ours. J'espère que tu te souviens de celle de l'ours parce que je n'ai pas envie de te la raconter de nouveau !

Pourquoi je suis de mauvaise humeur ? D'abord, je ne suis pas de mauvaise humeur, je suis simplement en colère ! Et il y a de quoi être en colère ! Si tu commences à tout critiquer, je ne te raconterai pas ce qui m'est arrivé.

Allez, bon ! Asseyons-nous là, à l'abri du vent, et je te le raconte. Je pense que tu me croiras, toi, ou alors ce n'est pas la peine que je commence.

Voilà, je mangeais des fruits sur la plus haute

branche d'un arbre dont, encore une fois, je ne sais pas le nom. Je sais seulement que les fruits de cet arbre sont délicieux et que je devais me dépêcher de les manger avant que les oiseaux n'en aient plus laissé un seul.

Tu veux savoir quels sont ces fruits ? Faut que je te les décrive, donc, comme l'oiseau de mon rêve. Ils ont une queue très longue, très fine, et, au milieu, une petite boule de bois. Très acides. Je les adore.

Rouges ? Pourquoi penses-tu qu'ils sont rouges ? Non, ils ne sont pas exactement rouges. Tu dois confondre.

Je n'avais pas peur que les hommes du clan viennent les manger, car, là où est l'arbre, ils ne mettent jamais les pieds : c'est à l'endroit du marais où j'ai failli disparaître dans la boue. L'arbre est juste au bord. Depuis cette sale histoire qui m'est arrivée, personne ne se risque dans le coin. Ils ont trop peur d'être mangés par le marais !

Moi, j'ai étudié le problème. Je sais où il faut poser les orteils, le chemin à suivre. Pas idiot, le Petit Cro-Magnon ! C'est là que poussent les meilleures racines, les cœurs de plantes les plus tendres et, encore plus intéressants, les petits fruits qui contiennent une boule de bois.

Je n'allais pas abandonner tout ça, tu le comprends, mais c'est drôle de manger des bonnes choses en se disant que, juste au-dessous, il y a une eau capable de vous avaler pour toujours.

« Si je tombais... », que je me disais en crachant mes petites boules de bois.

Elles faisaient « ploc, ploc » dans l'eau et j'étais tellement occupé à les regarder que je n'ai pas vu venir une montagne.

Une montagne de poils presque aussi haute que mon arbre, avec des défenses recourbées, une trompe longue comme un jour sans viande et des barrissements, tout à coup, qui, eux, justement, m'ont fait tourner la tête.

Un mammouth !

Le plus beau mammouth que tu puisses imaginer !

J'ai eu peur. Drôlement peur. Mais ça ne m'a pas empêché de réfléchir.

« S'il vient sur toi, Petit Cro-Magnon, il arrache

l'arbre et tu te retrouves dans la gadoue, piétiné, avalé, plein de boue et tout, et tout.

« S'il passe sans te voir... Eh bien, s'il passe sans te voir, tu perds l'occasion de clouer le bec à Cromagnonnet et tu perds aussi de la viande à n'en plus finir. »

Le mammouth ne faisait pas attention à moi. Il jetait sa trompe d'un côté, de l'autre, et il s'enfournait dans la bouche des touffes d'herbe énormes. Quel appétit ! De temps en temps, il arrachait un arbre, sans doute pour voir quel goût avaient les feuilles du haut.

Quand j'entendais craquer le tronc, je fermais les yeux. Si ç'avait été le mien !... Pourtant, je l'ai décidé là, tout d'un coup, je n'allais pas laisser s'échapper une pareille chance.

Tu as vu le travail pour tuer le rhinocéros laineux ; pour venir à bout d'un mammouth, il allait falloir jouer serré, je te l'assure.

Mais j'avais ma petite idée dans la tête !...

J'ai vite mangé des fruits. J'ai conservé les boules de bois dans la main et je les ai frottées entre le pouce et l'index pour enlever tout ce qui pouvait rester de chair et de jus.

Pendant ce temps, la bête s'était approchée. Elle devait avoir soif. Je me demande si elle m'avait senti. Je ne crois pas ; le vent était contraire. Elle ne m'avait pas vu non plus. Elle continuait d'arracher des herbes au bord de l'eau, des nénuphars, qu'elle avalait par bouchées si grandes qu'il aurait suffi d'une pour me faire un lit.

C'est idiot, ce que je dis : personne, jamais, n'a dormi sur des feuilles de nénuphar. Aucune importance !...

Je suis descendu de mon arbre. Il fallait me voir ! J'en ai mis, du temps ! Tout doucement, j'ai glissé le long du tronc en choisissant le côté opposé au mammouth. Dès que j'ai touché le sol, je me suis mis à plat ventre. Elle n'a rien vu, la montagne ! Comment aurait-elle pu voir ce hanneton qui se glissait dans les herbes ?

« Bon ! Tu ne risques pas grand-chose, Petit Cro-Magnon ! »

J'ai rampé jusqu'à un endroit où poussent des roseaux et j'ai cueilli une tige creuse. Là, c'est une de mes inventions. Je ne sais pas si elle a un grand avenir, mais elle est amusante. Si tu mets une petite boule de bois dans un roseau et si tu souffles, la petite boule de bois va beaucoup plus loin que si tu la lançais seulement avec les lèvres et en gonflant les joues. Reste à savoir pourquoi. J'ai découvert ça un jour que je m'embêtais au bord de mon marais.

Pour faire aller le mammouth à l'endroit que j'avais repéré, je devais le mettre dans une grande colère. Pas d'autre solution. Je l'aurais bien piqué avec un bâton, mais tu as déjà vu une trompe de mammouth ? Ça te cueille un Petit Cro-Magnon comme une fleur et ça te l'écrase contre une pierre, le temps de dire ouf.

Je suis allé le plus près possible. Je n'avais pas peur. Mais alors pas du tout ! C'est pas que je sois courageux, non, c'est que je suis capable de mesurer le danger. Je calcule le risque. Derrière moi, il y avait le marais avec davantage d'eau, maintenant que les pluies l'ont grossi. Juste assez d'eau pour que, en gigotant beaucoup, je ne m'enfonce pas, tandis que lui, le mammouth...

Je ne veux pas te dire tout de suite ce qui s'est passé.

Donc, j'ai rampé. Je ne nage toujours pas, mais

pour ramper, tu peux me faire confiance : sans me vanter, je sais ramper. Quand j'ai été assez près de la montagne imbécile qui ne m'avait pas encore vu, je me suis dressé, j'ai levé les bras au ciel et je me suis mis à pousser un cri énorme.

Énorme ! Comme celui de papa le jour où je suis revenu avec de la glaise d'une couleur qu'il n'avait pas.

Et puis j'ai gesticulé, j'ai sauté d'un pied sur l'autre. Tu as déjà vu les chasseurs du clan quand ils dansent autour du feu avec une peau d'ours sur le dos ? Eh bien, j'ai fait comme eux.

La montagne de viande ne s'en est même pas aperçue. Elle me tournait le dos.

C'était vexant.

J'ai crié plus fort, j'ai sauté à pieds joints en me donnant de grands coups de talon dans les fesses... Elle a levé la tête, enfin !

Alors je me suis arrêté et j'ai soufflé les boules de bois dans mon roseau.

Ping ! La première est arrivée sur son front. Va donc faire sentir à un mammouth qu'il lui arrive sur le front une de ces petites boules que l'on trouve dans les fruits dont je ne sais pas le nom !

J'ai dû m'approcher un peu plus.

Ping ! La petite boule, cette fois, a touché une oreille, qui a remué comme elle remue quand les mouches se font trop mauvaises.

Je me suis approché un peu plus.

Pas de ping. Un mammouth est bien gros, mais on peut le rater. Tout le monde peut rater un mammouth !

Je me suis encore approché... en me disant qu'après je ne m'approcherais plus.

Ping ! Dans l'œil !

La montagne de viande a lancé un barrissement terrible. Je me suis remis à danser avec de grands gestes, en poussant des cris, moi aussi.

Des cris qui paraissaient ridicules à côté du barrissement terrible.

Et pourtant l'animal m'a aperçu. On dit qu'il a la vue courte, mais il a fini par remarquer le petit bout d'homme qui s'agitait devant lui. Les choses n'ont pas traîné. Dans un mouvement de fureur, il s'est précipité sur moi.

Je me suis jeté de côté. Il avait pris trop d'élan, il

est tombé dans la boue mouvante sans avoir eu le temps de comprendre le piège.

C'est bête, un mammouth !

Quel plongeon, mes aïeux ! J'ai reçu une vraie averse tellement il a fait sauter d'eau, ce gros balourd !

Dès qu'il a senti que le sol s'ouvrait sous lui, il s'est débattu. Plus il se débattait, plus il s'enfonçait. J'en sais quelque chose, moi qui ai failli disparaître à tout jamais au même endroit. L'eau ne pouvait pas le soutenir, c'était impossible. Déjà elle arrivait à son ventre. Il a essayé d'atteindre la rive, il a posé une patte et quand, avec sa force incroyable, il s'est redressé, toute la rive s'est effondrée sous lui.

Il était pris maintenant jusqu'à mi-corps. Il poussait des cris à faire trembler tout le pays. Autour de nous, le silence. Affreux, le silence. Les oiseaux se taisaient. Sur mon arbre, un vautour est venu se poser, puis un autre, puis un autre sur un arbre sec. Ceux-là, ils ne perdent pas de temps ! Je me demande comment ils sont avertis.

J'étais drôlement content ! Je pointais le nez au-

dessus d'un buisson et je regardais mon mammouth prisonnier de la vase.

Qui avait raison, hein ? Qui tuerait le premier un mammouth, Cromagnonnet ou moi ? Je le lui avais bien dit, à Cromagnonnet ! Il ne voulait pas me croire. Ça m'aurait drôlement embêté s'il avait tué un mammouth avant moi.

Tuer ! Je n'allais pas le tuer moi-même, tu le comprends. Après tout, pour tuer un mammouth, ce n'est pas difficile, il suffit de taper dessus. Ce qui est difficile, c'est de le capturer, de l'amener à l'endroit où, justement, on peut lui taper dessus.

Quand j'ai vu que le mien n'avait aucune chance de se tirer de la vase, qu'il lançait sa trompe de tous les côtés et qu'il ne réussissait qu'à s'enfoncer davantage, j'ai couru à la caverne pour dire aux hommes que j'avais attrapé un mammouth.

Eh bien, ils ne m'ont pas cru !

Cromat a ri dans les poils de sa barbe et il a continué à ronger un os de mouflon.

Cromagnonus a fait :

— Beuh !

Il ouvre toujours des yeux ronds quand on lui parle et toujours il fait : « Beuh ! »

Le Chef dormait. Personne n'a le droit de réveiller le Chef quand il dort.

Moi, je commençais à m'impatienter.

— Je vous jure qu'il est dans le marais. Il est pris dans la boue. Il ne peut plus s'en sortir. C'est moi qui l'y ai mis !

Quand j'ai dit cela, j'ai cru que la caverne allait s'effondrer tellement ils ont ri.

— T'es drôlement solide, mon gars ! qu'ils m'ont fait.

— Tu l'as pas poussé trop fort, au moins ? Fallait pas l'abîmer !

Et ils riaient ! Ils ont réveillé le Chef, c'est dire à quel point ils riaient.

Je me suis mis en colère. Ils m'agaçaient à la fin.

— Si vous ne venez pas, il va partir. Il va sortir de la vase et vous n'aurez que les feuilles des arbres à manger ! Ce sera tant mieux pour vous !

A ce moment-là, on a entendu un barrissement. Loin, très loin. Puis plus rien.

— Qu'est-ce que je vous disais ? Vous me croyez, maintenant ?

— Beuh ! a fait Cromagnonus.

Et ils ont cherché leurs armes les plus grosses. Le Chef était un peu vexé parce que ce n'était pas lui qui avait prévu cette chasse. Il a donné des tas de bonnes raisons pour ne pas se mettre en route.

— Dépêchez-vous ! que je criais. Dépêchez-vous !

Ils ont fini quand même par sortir de la caverne. Je bouillais tellement j'étais énervé. Je courais devant pour les activer.

— Plus vi...ite !

Quand je suis arrivé, je n'ai vu qu'une eau boueuse et calme de nouveau, avec, à la surface, des nénuphars arrachés qui flottaient.

Sur la berge, pas la moindre empreinte s'éloignant du marais.

Alors j'ai compris. J'ai compris tout de suite.

La vase mouvante était si profonde qu'elle avait englouti la montagne de viande.

— Allons, bon !

Personne, évidemment, n'a voulu me croire.

— Ton mammouth, m'a dit le père de Cromagnonnet, ce n'était pas une grenouille, par hasard ?

Tu ne serais pas en colère, toi, après une histoire pareille ?

CHAPITRE XIII

ÇA ALORS !

Il y a quelques lunes que nous ne nous sommes pas rencontrés. Que veux-tu, c'était l'époque méchante, celle de la migration pour passer le temps du froid et de la grande faim.

Le froid est presque parti maintenant et nous sommes de nouveau ici depuis avant la dernière nuit. Je ne savais pas la surprise qui m'attendait. Ça non, alors, je ne le savais pas ! Cette fois, je vais drôlement t'étonner. Moi-même, je n'en suis pas encore revenu. Je n'ai pas de plaie, je n'ai pas de bosse, je ne suis pas tombé à l'eau, ni au fond d'un trou, ni du haut d'une falaise, pourtant, c'est la plus extraordinaire aventure de ma vie.

Tu te souviens du mammouth ? Personne n'a

voulu croire que je l'avais tué et j'ai bien vu que, toi non plus, tu ne le croyais pas. Je l'ai gardée sur le cœur, cette histoire, pendant tout le temps que je ne t'ai pas vu. On finira quand même par comprendre que c'était vrai ! Car il y est, le mammouth, dans la vase ! Imagine que, plus tard, dans longtemps, longtemps, longtemps, l'eau du marais baisse. Ça arrive quand il ne pleut pas. Peut-être qu'un jour des hommes creuseront un trou, je ne sais pas, moi, pour construire un piège, par exemple.

On le retrouvera bien, mon mammouth !

Qui aura raison, alors ?

Bon, ne nous disputons pas ! Je viens de découvrir quelque chose d'extraordinaire. Je te le dis, à toi, parce que je te dis tout, mais je n'en ai pas encore parlé à la tribu.

Tu sais que j'aime garder des trésors. J'ai un caillou blanc, un caillou presque bleu, un crâne de rat-qui-vole, un chardon séché, des tas d'autres choses encore. Cromagnonnet et moi, nous nous sommes rencontrés un jour sous les arbres, au bord du ruisseau. Il y a longtemps de cela, avant notre départ. J'avais trouvé une châtaigne magnifique. Plus grosse que toutes les autres, plus brillante. Magnifique ! Et puis c'était la première châtaigne tombée de l'arbre. Accrochée à un jonc, elle aurait fait un chouette de collier pour maman.

Si j'avais été plus malin, je ne l'aurais pas montrée à Cromagnonnet, mais je ne sais quelle envie m'a pris de faire l'intéressant.

— Na, na, na...a ! Je l'ai trouvé...e !

Tu connais l'air de la chanson, c'est toujours le même.

— Je m'en fiche...e ! m'a répondu Cromagnonnet. Des châtaignes, il y en aura bientôt partout... ou !

— Pas comme celle-là...à !

— Tu paries que je te la prends ?

— T'es pas capable !

Il n'avait aucune envie de la châtaigne, le Cromagnonnet. C'était vrai, nous approchions du temps où il y a des châtaignes dans l'herbe. Un temps qui ne dure pas, malheureusement. Pense donc, avec toutes les bêtes qui les mangent et tous les clans qui viennent sur notre territoire pour nous les voler...

Rien que pour m'embêter, Cromagnonnet a essayé de me la chiper. Moi, j'ai préféré prendre la fuite. Je n'avais pas envie de me bagarrer, ce jour-là.

— Je l'aurai ! qu'il m'a crié quand il a vu qu'il ne pouvait pas m'attraper.

— Tu peux toujours courir !

Je faisais le fier, mais je connais mon Cromagnonnet. Têtu comme un aurochs. Il allait fureter partout jusqu'à ce qu'il l'ait trouvée. Moi non plus, je n'y tenais pas tellement, à cette châtaigne. Je ne voulais pas me la laisser prendre, c'est tout. Pour rien au monde je n'aurais voulu. Je suis comme ça. Je ne suis pas têtu, moi, mais quand j'ai décidé quelque chose...

Donc, je devais garder le trésor coûte que coûte. Facile à dire ! On ne peut pas passer sa vie avec une châtaigne dans la main. J'ai cherché une cachette que jamais, jamais Cromagnonnet ne découvrirait.

Aucune ne me paraissait bonne. Dans la grotte, maman fait le ménage tous les matins. Elle est si fière d'avoir un chez-nous qu'elle ne supporte pas de voir traîner la moindre brindille d'os. Elle m'a jeté une patte de lapin à laquelle je tenais beaucoup.

Je passe sur les détails, j'ai tout essayé. Un moment, j'ai pensé à Croquette, mais je me méfiais des filles. Il n'y avait pas assez longtemps que je ne les trouvais plus idiotes.

Oui, oui ! Même Croquette ! Elle n'est pas une fille comme les autres, elle est extraordinaire, Croquette, il n'empêche que...

D'ailleurs, depuis l'histoire de la branche, je ne suis plus libre. Croquette est d'accord pour habiter plus tard avec moi dans une grotte, mais, à tout moment, elle me harcèle avec ses exigences.

— Fais-moi un bracelet d'escargots... Cueille-moi un bouquet.

Je dois dire que j'ai horreur de cueillir des fleurs. Il paraît que je coupe toujours les queues trop courtes et que je ne sais pas arranger un bouquet. Comment veux-tu qu'un homme qui a déjà tué un mammouth sache composer des bouquets ?

Parce que, le mammouth, c'est vrai que... Oui, bon, n'y revenons pas.

Et elle continue, Croquette :

— Attrape-moi un papillon. Sans lui briser les ailes, surtout !

Là, c'est vraiment le plus difficile. Les fleurs, tant bien que mal, j'arrive à les mettre en botte, mais, les papillons, je ne sais pas comment cela se fait, quand je les attrape et puis que j'ouvre la main pour les donner à Croquette, ils ne remuent plus. Ils sont comme des fleurs sans queue du tout et Croquette n'est pas contente.

J'ai gardé le secret de ma châtaigne. Je n'ai rien dit à personne sauf à toi. Mais écoute la suite.

Tu vois le ruisseau, il tourne, là-bas, derrière les arbres. On ne le voit plus d'ici. Eh bien, après le tournant, je connais un rocher très gros. C'est à se demander pourquoi il y a un rocher à cet endroit. Peut-être qu'il est tombé de la falaise. Pas facile d'y grimper, on n'a presque pas de trous où poser les pieds. Faut savoir s'accrocher comme les mouches. J'y suis monté. Dans un creux, tout en haut, j'ai mis la châtaigne. Les sangliers ne pouvaient pas aller la manger. Moi, je sais grimper comme les mouches, mais pas eux.

Restaient les écureuils. Les écureuils, ils en

étaient bien capables. Alors, pour protéger ma châtaigne, j'ai apporté de la terre et j'ai rempli le creux.

La cachette était si bonne que je l'ai oubliée.

Et le temps du froid est arrivé. Il est affreux, le temps du froid ! Nous avons cueilli tout ce qui pouvait se cueillir. Il n'y a plus une baie sur les buissons, il n'y a plus un fruit dans l'herbe, plus une pousse tendre au bout des branches. Les feuilles tombent ; elles sont jaunes et amères ou bien si sèches qu'elles font tousser quand on essaie de les mâcher. On ne trouve plus rien à manger, ici. C'est terrible d'avoir faim et d'être glacé.

Jusqu'à ce moment, il ne faisait pas froid. Enfin, pas trop, car nous avons toujours froid, même quand les jours sont les plus longs et qu'il y a des fleurs partout. Il dure peu, le beau temps, à Cro-Magnon !

Cette fois, c'était fini. Les oiseaux étaient partis et nous sommes partis aussi. Les animaux étaient déjà presque tous endormis sous terre. Les ours, les blaireaux, les hérissons. Nous avons fait comme eux.

Le Chef nous a conduits vers les grottes profondes. Je me souviens d'une longue marche dans la montagne, à l'opposé de la forêt, sur le territoire connu. C'était dur.

J'avais peur que nous rencontrions la neige et nous l'avons rencontrée. Je n'aime pas la neige. Avec elle, les loups deviennent mauvais, tout le monde grogne et les pieds sont froids, tellement froids qu'aucune fourrure, jamais, ne peut les réchauffer.

Quand vient la neige, je voudrais être déjà dans les grottes. Là, on n'entend plus rien, on ne voit plus rien que les ombres qui dansent sur les parois lorsqu'on ranime le feu, et puis c'est tout.

On a le ventre vide et on dort. Les hommes essaient de chasser, mais le gibier est rare. On ronge une écorce, un morceau de bois, pour tromper la faim. On croque des bourgeons qui collent aux dents et qui ont un drôle de goût... quand on a des bourgeons.

Beaucoup d'entre nous partent pour le Pays des Ombres dans le temps des neiges.

Mais maintenant, une fois de plus, ce temps est fini ! Nous sommes sortis de terre avec une envie de tout dévorer ! Hélas ! il n'y a encore que fort peu de chose à dévorer ! J'ai faim.

J'ai très faim.

Touche, là, sous ma fourrure. Tu ne sens pas mes os ?

J'ai tellement faim que j'en ai la tête qui tourne. C'est peut-être à cause du soleil que je n'avais pas vu depuis si longtemps et aussi à cause du parfum de la forêt dont je ne me souvenais plus.

C'est bon, l'odeur du vent ! C'est fort !

Nous nous sommes remis en route vers Cro-Magnon.

En arrivant, hier, j'ai repensé à ma châtaigne. Une châtaigne qui craque sous la dent, qui est brune au-dehors et luisante, et toute blanche à l'intérieur ! La première châtaigne, la plus belle ! La châtaigne que j'ai cachée et que je vais retrouver maintenant qu'il n'y a plus de châtaignes !

Miam ! Miam !

Comment j'avais pu l'oublier ? Je te le demande.

J'ai couru au rocher. Il m'a paru bien haut et c'était difficile de monter comme les mouches.

« Pourvu qu'aucune bête... ! Allez, tiens bon, Petit Cro-Magnon ! »

J'ai dû m'arrêter. J'ai cru que j'allais lâcher prise, tomber dans le vide.

« Continue... Tu dois arriver là-haut ! »

J'y suis arrivé, et qu'est-ce que j'ai vu ?

Sur la terre, un petit châtaignier. Deux feuilles pareilles à celles des grands arbres et une tige toute menue, toute mince, qui, déjà, était du bois.

D'abord, je n'ai pas compris. Un châtaignier dans un endroit bon pour la mousse et les oiseaux !

Et puis peu m'importait le châtaignier. J'étais venu pour la châtaigne, moi, pas pour le châtaignier. J'ai creusé avec mes ongles, et qu'est-ce que j'ai trouvé ?

Le petit arbre sortait de ma châtaigne ! Il avait fait éclater l'écorce, il poussait une tige vers le haut, des petits doigts crochus vers le bas.

Les châtaigniers sortent d'une châtaigne ! Ça alors !...

A vrai dire, la châtaigne, j'ai eu du mal à la reconnaître. Heureusement que j'étais sûr de l'avoir mise là. Je n'ai retrouvé qu'une pauvre chose toute laide et ratatinée, un peu d'écorce, juste de quoi me prouver qu'elle y était encore.

Mais, rien que de voir ce que je voyais, ça m'a fait passer la faim.

Les châtaigniers sortent d'une châtaigne ! Tu te rends compte ? Moi, j'en suis estomaqué !

Quand Crom est parti dans le Grand Sommeil, on l'a mis sous terre et il n'est pas revenu. Quand on met une châtaigne... Oh ! c'est trop difficile pour moi, je n'arrive pas à comprendre.

Qu'est-ce que tu en penses ? Si je mets beaucoup, beaucoup de châtaignes dans la terre, j'aurai beaucoup, beaucoup de châtaigniers, tu crois ?

Et si je mets des noisettes, j'aurai des noisetiers ?

Et un gland ? Oh ! non, il ne faut pas exagérer ! Je dis vraiment n'importe quoi ! Comment veux-tu qu'un chêne si grand soit contenu dans un gland si petit ?...

N'empêche, j'ai envie d'essayer. On verra bien.

J'ai fait pousser un châtaignier ! Où j'ai voulu (enfin, presque). Mais alors, si nous pouvons faire pousser autant de châtaigniers que nous voulons, nous aurons autant de châtaignes que nous en aurons besoin, autant de nourriture qu'il nous faudra !

Je te l'avais dit que je trouverais le moyen d'assurer notre subsistance. Tu imagines la grotte avec, au fond, une montagne de châtaignes pour passer le temps du froid ? Et s'il y a un noisetier dans la noisette et un chêne dans le gland, des montagnes de noisettes et des montagnes de glands ?

Oh ! non, c'est trop beau pour être vrai !

Plus de cueillettes où l'on ne cueille rien parce qu'il n'y a rien à cueillir. Plus de disputes ni de bagarres puisque tout le monde peut manger jusqu'aux prochaines châtaignes. Plus de migrations puisque nous n'aurons plus faim.

Papa pourra dessiner tout ce qu'il voudra, tant qu'il voudra. Les chasseurs pourront chasser quand ils en auront envie ou pour changer un peu l'ordinaire.

Changer l'ordinaire !... Voilà que, déjà, je fais le difficile ! Un comble !

Tout ça dans une châtaigne ! Je suis sûr que le Grand Chef lui-même ne s'en doute pas. Je suis plus fort que lui, plus fort que le sorcier, plus fort que tous les hommes de toutes les tribus.

Et personne n'en sait rien !

Je crois que je ne vais pas garder le secret pour moi uniquement. Mon secret, je vais le dire à Croquette. Je ne veux pas être heureux tout seul.

S'il a trop de mal, mon petit arbre, ou si le vent l'abîme, ou si une bête le mange, je recommencerai. Je mettrai dans la terre une autre châtaigne — non, beaucoup d'autres châtaignes — à la saison revenue. Il ne faut pas désespérer.

Ce sera moins pénible de marcher jusqu'aux grottes profondes. J'emporterai mon secret. Quand j'aurai faim et froid, j'y penserai. Et quand nous serons de retour ici, s'il n'a pas eu trop froid, lui non plus, mon châtaignier, je le montrerai au clan. Il aura grandi.

Tu vois, je ne serai pas dessinateur comme papa le voudrait. Je ne serai pas chasseur de mammouths puisque, quand j'en attrape un, on ne me croit pas. Je ne serai pas pêcheur.

Je serai quelque chose qui n'a pas encore de nom : je serai celui qui fait sortir les arbres de terre.

Dans la même collection :

Trois petits ours pleins d'amour
Ali, Jean-Luc et la gazelle
Benoît, l'arbre et la lune
Benoît et le village à l'envers
La forêt enchantée et autres contes
Un amour de poney
La petite fille au kimono rouge
Après tout, c'est chouette un petit frère
Croc-Blanc
Monsieur le Vent et Madame la Pluie
L'école ronde
Les lunettes du lion
Un merveilleux grand-père
L'hirondelle m'a dit
L'affaire des sifflets à roulette
Guillou dans les étoiles
Diango de l'île verte

ACHEVÉ D'IMPRIMER
SUR LES PRESSES DE
L'IMPRIMERIE HÉRISSEY
À ÉVREUX (EURE)
EN AOÛT 1986

N° d'éditeur : 4458
N° d'imprimeur : 40488
Dépôt légal Novembre 1986